ANDREAS JENTZSCH · HANS-WALTER PFEIFFER

Vorschläge zu einem System der Erfolgskontrolle
regionaler Wirtschaftsförderung

ADMINISTRATIVES MANAGEMENT

Band 1

Vorschläge zu einem System der Erfolgskontrolle regionaler Wirtschaftsförderung

Von

Andreas Jentzsch und Hans-Walter Pfeiffer
unter Mitarbeit von Franz-Josef Klein

DUNCKER & HUMBLOT / BERLIN

Alle Rechte vorbehalten
© 1976 Duncker & Humblot, Berlin 41
Gedruckt 1976 bei fotokop, wilhelm weihert, Darmstadt
Printed in Germany

ISBN 3 428 03651 4

VORBEMERKUNG

Die „Vorschläge zu einem System der Erfolgskontrolle regionaler Wirtschaftsförderung" sind das Ergebnis eines Forschungsauftrages. Dieser Auftrag wurde der GFS — Gesellschaft für Systementwicklung mbH & Co. Management KG (GFS) von der für die Bundesrepublik Deutschland zuständigen Förderinstitution — genannt „Gemeinschaftsaufgabe Verbesserung der regionalen Wirtschaftsstruktur'" — am 30. 9. 1974 erteilt und am 14. 1. 1976 mit der Veröffentlichungsfreigabe abgeschlossen.

Die Gutachtenergebnisse werden nur geringfügig überarbeitet wiedergegeben, so daß ein unmittelbarer Einblick in die konzeptionelle Arbeit eines wichtigen Politikbereiches gegeben wird, der zunehmend im europäischen Raum an Bedeutung gewinnt. Bei Beginn dieser Untersuchung wurden schwerpunktmäßig Organisationskonzepte angestrebt, während im tatsächlichen Verlauf der Arbeit Vorschläge zur Auswahl und Gewinnung relevanter Informationen dominierten. Diese Entwicklung trägt den empirisch festgestellten Unterschieden der Durchführung der Förderung in den Ländern der Bundesrepublik Deutschland Rechnung. Dementsprechend sollen die Vorschläge den Mitgliedern der Gemeinschaftsaufgabe ein zukünftiges Kontrollkonzept so beschreiben, daß die Nützlichkeit zusätzlicher Informationen beurteilt und ein schrittweiser Ausbau der Kontrollen vorgenommen werden kann.

Mit der vorliegenden Untersuchung wird die Reihe „Administratives Management" begonnen. Mit dieser Reihe wird das Ziel verfolgt, solche Untersuchungsergebnisse zur Praxis von Politik und Verwaltung zur Diskussion zu stellen, die sonst meist auf einen internen Informationsmarkt beschränkt bleiben.

Für das Recht zur Veröffentlichung der Ergebnisse und für die bereitwillige Unterstützung durch alle angesprochenen Mitarbeiter der Verwaltung sei an dieser Stelle gedankt.

Königswinter, im März 1976

Andreas Jentzsch

GLIEDERUNG

Vorbemerkung..4
Gliederung..6
Abkürzungsverzeichnis...8

Erstes Kapitel:
Zusammenfassung und Empfehlungen..............................9

Zweites Kapitel:
Einführung und Problemstellung...............................23

1. Zielentwicklungen in der regionalen Wirtschaftspolitik und Forderung nach einer Erfolgskontrolle...............23
2. Wachsende Bedeutung der Erfolgskontrolle im politisch-administrativen Bereich.......................25
3. Aufgabenstellung und Vorgehensweise.....................26
4. Ausgangsprobleme der Erfolgskontrolle in der Praxis....30
5. Stufenweise Entwicklung der Erfolgskontrolle............32

Drittes Kapitel:
Begriff und IST-Zustand der Erfolgskontrolle regionaler Wirtschaftsförderung................................36

1. Erfolgskontrolle als SOLL-IST-Vergleichsprozeß..........36
2. IST-Zustand und Veränderungsmöglichkeiten der Erfolgskontrolle......................................37
3. Gegenwärtige Durchführung der Erfolgskontrollen.........52

Viertes Kapitel:
Konzeptionelle Basis eines zu entwickelnden Kontrollsystems...56

1. Grundlage und Verwendungsmöglichkeiten der Vorschläge..56
2. Gegenstand und Techniken der Erfolgskontrolle..........57

Fünftes Kapitel:
Indikatoren und Kontrolldaten zur Zielerreichung.............62

1. Anzustrebende Ausgestaltung der Zielerreichungskontrolle................................62
2. IST-Zustand..68
3. Kritik und Veränderungsmöglichkeiten...................70
4. Probleme und Lösungsmöglichkeiten der Datenerfassung zur Zielerreichungskontrolle...........................71

Sechstes Kapitel:
Indikatoren und Kontrolldaten zum Mitteleinsatz..............77

1. Anzustrebende Ausgestaltung der Mittelkontrolle........77
2. IST-Zustand..81

3. Kritik und Veränderungsmöglichkeiten...................83
4. Probleme und Lösungsmöglichkeiten der Datenerfassung
   für die Mittelkontrolle................................86

Siebentes Kapitel:
Indikatoren und Kontrolldaten zur Prämissenkontrolle......89
1. Anzustrebende Ausgestaltung der Prämissenkontrolle.....89
2. IST-Zustand..92
3. Kritik und Veränderungsmöglichkeiten...................94
4. Probleme und Lösungsmöglichkeiten der Datenbeschaffung
   zur Prämissenkontrolle.................................96

Achtes Kapitel:
Indikatoren und Kontrolldaten zur Verfahrenskontrolle.....98
1. Anzustrebende Ausgestaltung der Verfahrenskontrolle....98
2. IST-Zustand..99
3. Kritik und Veränderungsmöglichkeiten..................100
4. Probleme und Lösungsmöglichkeiten der Datenerfassung
   zur Verfahrenskontrolle...............................102

Neuntes Kapitel:
Vorschläge zum Entwicklungsprozeß eines
Erfolgskontrollsystems...................................103
1. Begründung und Beschreibung von Entwicklungsfeldern...103
2. Notwendigkeit und Zweck eines Maßnahmenstrukturplans..107
3. Abstimmungsprozesse zu den erforderlichen
   Indikatoren und Kontrolldaten.........................108
4. Sicherung von Unterstützung bei der Datenbeschaffung..111
5. Zur Terminierung und organisatorischen Eingliederung
   der Kontrollprozesse..................................114

Zehntes Kapitel:
Zur Umsetzung gutachtlicher Gestaltungsvorschläge........119

Literaturhinweise..121

Hinweise auf die Verfasser...............................126

ABKÜRZUNGSVERZEICHNIS

AMR	:	Arbeitsmarktregionen
ARQ	:	Arbeitskräftereservequotient
BAW	:	Bundesamt für gewerbliche Wirtschaft
BIP	:	Bruttoinlandsprodukt
BMBau	:	Bundesminister für Raumordnung, Bauwesen und Städtebau
BMF	:	Bundesminister der Finanzen
BML	:	Bundesminister für Ernährung, Landwirtschaft und Forsten
BMWi	:	Bundesminister für Wirtschaft
BMV	:	Bundesminister für Verkehr
EG	:	Europäische Gemeinschaft
ERP	:	European Recovery Programme
GA	:	Gemeinschaftsaufgabe
GFS	:	Gesellschaft für Systementwicklung mbH & Co. Management KG
GRW	:	Gesetz über die Gemeinschaftsaufgabe "Verbesserung der regionalen Wirtschaftsstruktur"
HLT	:	Hessische Landesentwicklungs- und Treuhandgesellschaft
IAB	:	Institut für Arbeitsmarkt- und Berufsforschung
IMNOS	:	Interministerieller Ausschuß für regionale Wirtschaftspolitik
KI	:	Kurzfristige Indikatoren
MKRO	:	Ministerkonferenz für Raumordnung
WIB	:	Wirtschaftsbevölkerung
WOB	:	Wohnbevölkerung

Erstes Kapitel

ZUSAMMENFASSUNG UND EMPFEHLUNGEN

Unter Erfolgskontrolle wird ein S O L L - I S T - V e r g l e i c h s - p r o z e ß verstanden, mit dessen Hilfe K o n t r o l l i n f o r - m a t i o n e n f ü r S t e u e r u n g s - u n d G e s t a l t u n g s - z w e c k e gewonnen werden. Damit wird die Analyse der Ursachen (Abweichungsanalyse) von der eigentlichen Erfolgskontrolle getrennt. Die wachsende Bedeutung von Erfolgskontrollen im politisch-administrativen Bereich wird hervorgehoben, gleichzeitig aber auch auf die Rückständigkeit fast aller Politikbereiche im Vergleich zu theoretischen Forderungen hingewiesen. Die regionale Wirtschaftsförderung hat im Vergleich zu anderen Gebieten, insbesondere durch die im Rahmen der Neuabgrenzung erfolgte Zielpräzisierung, bereits einen hohen Stand erreicht. Weitere Verbesserungen werden von den Vertretern der Gemeinschaftsaufgabe gefordert. Auf den Zusammenhang von Informationsbedarf und Erfolgskontrollsystem wird eingegangen. Dabei wird darauf hingewiesen, daß der Informationsbedarf auch zur Präzisierung der Forderungen nach der Verbesserung der (bisher als mangelhaft angesehenen) statistischen Daten bestimmt werden muß. Eine präzise Beschreibung des Informationsbedarfs soll durch die Angabe von E r f o l g s k r i t e r i e n und K o n t r o l l d a t e n erfolgen, die hinsichtlich der zentralen Elemente des Förderkonzeptes notwendig sind. Als Gegenstandsbereiche der Kontrolle werden gesehen: Z i e l e (die hinsichtlich der Struktur erreicht werden sollen), M i t t e l (die als Finanz-, Sach- und Dienstleistungen eingesetzt werden), P r ä m i s s e n (als die dem Bedarf und der Instrumentenwahl zugrundeliegenden Annahmen) und V e r f a h r e n (als verwaltungsmäßige Durchführung der Förderung).

1. Kap.: Zusammenfassung und Empfehlungen

Die notwendigen Abstimmungs- und Organisationsprozesse für ein dauerhaftes und anspruchsvolles System der Erfolgskontrolle erfordern einen Entwicklungsprozeß. Für diesen werden drei Stufen mit folgenden Zielen angegeben:

- Konzeption eines abgestimmten, fortschreibbaren, an den gegenwärtigen Förderinstrumenten orientierten Kontrollsystems,
- Festlegung des Kontrollsystems aufgrund erster Überprüfungen des gegenwärtigen Förderkonzeptes,
- organisatorische Dauerregelungen nach erfolgreichen Probeläufen vorgeschlagener Änderungen.

Als Dauer des Entwicklungsprozesses wird ein Zeithorizont von drei bis fünf Jahren für erforderlich gehalten.

Die für ein entwickeltes Konzept der Erfolgskontrolle erforderlichen Erfolgskriterien und Kontrolldaten werden nach den Gegenstandsbereichen der Erfolgskontrolle erläutert. Als Erfolgskriterien zur Zielerreichung werden nach der bisherigen umfassenden Zieldiskussion für sinnvoll gehalten:

- Arbeitskräftereservequotient,
- durchschnittliche Arbeitslosenquote,
- SOLL-IST-Abweichung des Binnenwanderungssaldos,
- SOLL-IST-Differenz der sektoralen Ausstattung der Wirtschaftsstruktur,
- SOLL-IST-Abweichung geplanter und geschaffener Arbeitsplätze,
- SOLL-IST-Abweichung der Löhne und Gehälter pro Beschäftigten,
- SOLL-IST-Abweichung der Einkommen pro Beschäftigten,
- SOLL-IST-Abweichung der Einkommensverteilung,
- SOLL-IST-Abweichung der Infrastrukturausstattung.

Erfolgskriterien zum M i t t e l e i n s a t z werden in folgenden Größen gesehen:

- Mittelbedarf je Quantität der Strukturverbesserung,
- Relation der zum Strukturausgleich erforderlichen zu den verfügbaren Fördermitteln,
- Koordinationsgrad sonstiger regional wirksamer Mittel,
- Relation insgesamt vergebener zu fehlverwendeten Fördermitteln,
- SOLL-IST-Vergleich geplanter und in Anspruch genommener Fördermittel.

Folgende Erfolgskriterien werden zu den P r ä m i s s e n angegeben:

- Richtigkeit der prognostizierten Entwicklungsdaten,
- Richtigkeit zugrundegelegter Ziel - Mittel - Zusammenhänge wie z.B.:
Strukturentwicklungen sind dauerhaft beeinflußbar,
Industrie- und auch Fremdenverkehrs- und Dienstleistungsentwicklungen bestimmen die Wirtschaftsstruktur,
Investitionserleichterungen fördern die Investitionsentscheidungen vorrangig,
zusätzliche Investitionen erhöhen Beschäftigung und Einkommen,
die gegenwärtig angewandten Kriterien und Regeln zur Ermittlung der Strukturschwäche sind zutreffend.

Zum V e r f a h r e n werden folgende Erfolgskriterien für zweckmäßig gehalten:

- Einhaltung überregionaler Richtlinien in den einzelnen Ländern,
- Einhaltung von Grenzen im Bearbeitungsaufwand und in der Bearbeitungsdauer und
- Einhaltung von Managementregeln im Arbeitsprozeß.

Zu den Kontrolldaten wird darauf hingewiesen, daß es sich stets sowohl um SOLL-Werte als auch um prognostizierte oder tatsächliche IST-Daten handelt. Bei den SOLL-Daten sind Bundesdurchschnittswerte und auch spezielle regionale SOLL-Werte denkbar. Auch bei den Prämissen sind regionale Differenzierungen möglich, so daß hier weitere Konkretisierungen sinnvoll sind. Für die IST-Kontrolldaten werden verschiedene Quellen angeführt. Neben den amtlichen Statistiken sind Sonderstatistiken einzelner Bundes- und Landesbehörden, gutachtliche Arbeiten (vor allem im Prämissenbereich) und Verwaltungsaufzeichnungen (Verfahren) zu nennen. Als datenmäßige Besonderheit der regionalen Wirtschaftsförderung wird angesehen, daß die Zielerreichungskontrolle auf prognostizierte Werte (einschließlich der unterstellten Auswirkungen der bisherigen Förderung) abstellen müßte, da die Förderung dann ihr Ziel erreicht hat, wenn die bisherigen Mitteleinsätze den "take off" bewirken. Die Verfügbarkeit der erforderlichen Kontrolldaten wird insgesamt als unbefriedigend angesehen, wenn Anpassungen des Fördermitteleinsatzes kurzfristig erfolgen sollen. Es wird daher bei gesteigertem Informationsbedarf notwendig, ergänzende und beschleunigte Auswertungen von statistischem Material zu fordern. Zur Lösung der Aktualitätsprobleme wird der Vorschlag gemacht, spezielle Kurzfrist-Indikatoren (mit kurzfristig verfügbaren Kontrolldaten) zur Früherkennung kritischer Entwicklungen heranzuziehen. Grundlegende Verbesserungen der Kontrolldatenlage werden aus der neuen Beschäftigten- und Entgeltstatistik und den Zugriffsmöglichkeiten auf die künftige Datenbank des Statistischen Bundesamtes erwartet. Für besonders wichtig wird gehalten, daß die Verfügbarkeit der Kontrolldaten so sichergestellt ist, daß diese jeweils vor den neuen Planungen mit hoher Aktualität (Rückstand max. 1/2 Jahr) vorliegen. Es wird darauf verwiesen, daß die Erfolgskriterien und Kontrolldaten bezüglich der jeweiligen Ausgestaltung der Förderung differenziert werden müssen.

Die Erfassungen zum IST-Zustand und die Verbesserungsmöglichkeiten der Erfolgskontrolle in Bund und Ländern ergaben folgendes Bild:

1. Kap.: Zusammenfassung und Empfehlungen

Wie in der gesamten Gemeinschaftsaufgabe herrscht auch bei der Erfolgskontrolle Arbeitsteilung zwischen Bund und Ländern. Durch eine Reihe von Interviews und eine Fragebogenaktion wurde eine erste Bestandsaufnahme zur Durchführung und Kontrolle der Förderung begonnen, die zunächst wesentliche Interpretationsunterschiede für ein System der Erfolgskontrolle erkennen ließ. Der Aufbau des Antragsverfahrens für die Investitionszulage und die Investitionszuschüsse variiert in den einzelnen Ländern hinsichtlich der beteiligten Institutionen und der eingesetzten Kapazitäten stark. Auf die Frage nach dem Einsatz sonstiger Fördermittel durch diejenigen Institutionen, die auch die Gemeinschaftsaufgabe-Mittel vergeben, wurden acht verschiedene Mittelkategorien angegeben, die jedoch in den einzelnen Ländern stets in unterschiedlicher Anzahl und Kombination auftreten. Da neben den gezielten Investitionsfördermitteln auch sonstige öffentliche Mittel eingesetzt werden, die in abgeschwächter Form regional wirksam sind und deren Einsatz theoretisch koordiniert mit den speziellen Investitionsmitteln erfolgen müßte, wurde auch nach diesen Mitteln gefragt. Die Angaben über diese sonstigen regional wirksamen Mittel differierten so stark, daß eine Nachbefragung notwendig war, die durch Analysen von Haushaltsplänen ergänzt wurde. Sieht man davon ab, daß die genannten Mittelkategorien unvergleichbar sind, so läßt sich doch aus der Tatsache auf ein Koordinationsproblem schließen, daß die speziellen Fördermittel nur einen geringen Teil der sonst regional wirksamen Mittel ausmachen.

Die Feststellungen zur gegenwärtigen Durchführung der Erfolgskontrollen in Bund und Ländern zeigen, daß sehr viele der theoretisch geforderten Kontrollen durchgeführt werden und daß eine Vielzahl von Statistiken und Analysen in unterschiedlichsten Formen erarbeitet wird.

Die einzelnen Kontrollbereiche werden mit den Unterpunkten "IST - Zustand", "Kritik und Veränderungsmöglichkeiten" und Hinweise zur "Datenerfassung" abgehandelt. Zur Zielerreichungskontrolle wird festgestellt, daß für die genannten Gebiete mit der Neuabgrenzung eine Kontrolle

1. Kap.: Zusammenfassung und Empfehlungen

erfolgte. Einige Länder führen darüber hinaus Vergleiche zwischen den laut Anträgen zu schaffenden und tatsächlich geschaffenen Arbeitsplätzen durch. Der Bund erfaßt alle zielrelevanten Antragsdaten auf Fördermittel und nutzt die Grunddaten für Quartalsauswertungen nach den verschiedensten Gesichtspunkten. Verbesserungsmöglichkeiten der Information für die Mitglieder der Gemeinschaftsaufgabe werden von der GFS durch die Einführung von SOLL - IST - Gegenüberstellungen auf Bundesebene, in aktuelleren Einkommensdaten und in einer sektoralen Zielerreichungskontrolle auf Bundesebene gesehen.

Zur Verbesserung der Zielerreichungskontrolle werden folgende Empfehlungen gegeben:

- Die Zielerreichungskontrollen sollten vereinheitlicht, von den Ländern durchgeführt und vom Bund zusammengefaßt werden,
- die Kontrollergebnisse müssen so verfügbar sein, daß Anpassungen des Fördermitteleinsatzes in den Ländern im Planungsjahr möglich sind,
- die Kontrollergebnisse müssen so vorliegen, daß Bund und Länder sie vor den neuen Planungen in Abweichungsanalysen verarbeiten können,
- die Kontrollberichterstattung sollte auf Vergleichswerte abgestellt werden und in den Planungsunterlagen für die neue Periode erfolgen. Das heißt, soweit dies noch nicht vorhanden ist, Aufnahme eines Erfolgsberichterstattungsteils in den Rahmenplan zur regionalen Wirtschaftsförderung,
- im Rahmen der Bearbeitung des Stufenplans wird vorgeschlagen, das Erfolgskontrollkonzept nach den von der GFS hinsichtlich der Zielerreichung für erforderlich gehaltenen Kriterien zusammenzustellen.

Bei der Datenerfassung wird als kritisch angesehen, daß die Basisdaten des zentralen Arbeitsplatzreservequotienten nicht aktuell genug sind. Zur Verbesserung des Einkommens - kriteriums könnte die neue Beschäftigtenstatistik für die kurzfristige Aussage herangezogen werden. Die Arbeitslosenquote könnte aus einer weitergehenden Regionalisierung der Arbeitslosenstatistik gewonnen werden. Eine Auswertung von Zwischenergebnissen aus den monatlichen Meldevorgängen der Einwohnermeldeämter hinsichtlich der Binnenwanderungen würde zu einer guten Kontrollinformation führen. Zur Beschleunigung und Vervollständigung der Wirtschaftsstrukturdaten wird eine umfassendere und regionalisierte Statistik gefordert.

Die neue Beschäftigten - und Entgeltstatistik ermöglicht eine Ausdehnung der zur Verfügung stehenden Angaben über Löhne und Gehälter auf alle Wirtschaftsbereiche. Mögliche Auswertungen von Steuervorausschätzungen und Erklärungsstatistiken kommen als Quellen aktuellerer Daten zur Einkommenssituation in Frage.

Auf dem Wege von Verwaltungsinformationen sollten künftig Angaben zum Stand der Infrastrukturausstattung beschafft werden.

Auch zum M i t t e l e i n s a t z ist zunächst eine Kontrolle im Rahmen der Neuabgrenzung (1974) durchgeführt worden. Hinsichtlich der Koordination des Mitteleinsatzes sind auf Bundesebene die inhaltlichen, nicht aber die finanziellen Abstimmungen fortgeschritten. In den Ländern wird die Koordination sonstiger regional wirksamer Mittel über institutionalisierte Kooperation mit der Landesplanung und der Agrarstrukturentwicklung betrieben, ohne daß es in größerem Umfang zu quantitativen Mittelabstimmungen kommt.

Über die Einzelprojekte der Förderung führen die Länder Kontrollen mittels Verwendungsnachweisen, eigener statistischer Auswertungen und BAW-Statistiken durch. Im BAW[1]) werden zusätzlich Angaben über die Bewilligung und den Mittelabruf geführt.

Als kritisierbar erscheint den Gutachtern das Fehlen von Angaben zum Gesamtmittelbedarf der Strukturveränderungen bis zum "take off", von dem aus eine Relation zum tatsächlichen

---

1) BAW = Bundesamt für gewerbliche Wirtschaft

Mitteleinsatz gebildet werden kann. Verbesserungsmöglichkeiten werden in einer IST-Erfassung der Investitionszulagen und in einer kardinalen Reihung der Fördergebiete sowie in einer Bestandserfassung aller regional wirksamen Mittel gesehen. Im einzelnen werden folgende Empfehlungen gegeben:

- Die Notwendigkeit und Möglichkeit einer differenzierten Bestimmung des regionalen Fördermittelbedarfs sollte erörtert werden,

- die BAW-Statistik sollte sowohl durch die Ergänzung mit IST-Werten als auch durch eine Periodisierung der SOLL-Werte ausgebaut werden. Hierbei ist eine grundlegende Unterrichtung der Mitglieder der Gemeinschaftsaufgabe über die Möglichkeiten des Materials zweckmäßig,

- die Erfassung sonstiger regional wirksamer Mittel sollte innerhalb jedes Rahmenplanes erfolgen und - bei starken Veränderungen innerhalb des Jahres - durch vierteljährliche Fortschreibung kontrolliert werden.

Die Datenlage ist vor allem für den regionalen Fördermittelbedarf gegenwärtig insofern ungünstig, als Förderbetragsmaßstäbe für die Verringerung von Zielabweichungsgraden nicht vorliegen. Es wird auch auf die Notwendigkeit hingewiesen, regionale Unterschiede zu berücksichtigen. Hierzu wird die Prämissenkontrolle für geeignet gehalten. Die tatsächlichen Abweichungen zwischen der Höhe der im BAW erfaßten und den von den Finanzämtern ausgezahlten Investitionszulagen erfordern für eine korrekte Erfassung einen Rückmeldevorgang von den Finanzämtern zum BAW. Die geforderten Planansätze für die Investitionszuschüsse und die Schätzungen für die Investitionszulage können aus den jeweiligen Rahmenplänen in die BAW-Statistik übernommen werden.

Zu den sonstigen regional wirksamen Mitteln wird zunächst auf die Bemühungen der Bundesforschungsanstalt für Landeskunde und Raumordnung verwiesen, die möglicherweise künftig zu den erforderlichen Zahlenangaben führen. Es wird jedoch auch für möglich gehalten, über die Haushaltsansätze von Bund, Ländern und Gemeinden erste Angaben zu erhalten und durch formalisierte Übermittlungsprozesse über einzelne Bundes - und Länderressorts auch detaillierte Erfassungen durchzuführen. Hilfsweise wäre eine Erfassung mittels Fortschreibung des Mittelaufwandes für Infrastrukturveränderungen denkbar.

Zum IST - Zustand der P r ä m i s s e n k o n t r o l l e n wird auf Erörterungen im Planungs- und Unterausschuß, wissenschaftliche Veröffentlichungen und Gutachten hingewiesen, die von einzelnen Ländern und vom Unterausschuß der Gemeinschaftsaufgabe erstellt wurden. Als problematisch wird angesehen, daß die Aktualität der Erkenntnisse und die regionale Differenzierung der Prämissenkontrollen nicht ausreicht. Verbesserungsmöglichkeiten werden u.a. darin gesehen, daß die bisherige Arbeitsweise organisatorisch präzisiert wird und daß die Untersuchung des IST - Zustandes durch den Vergleich mit alternativen Förderkonzepten ausgedehnt werden sollte.

Im einzelnen werden folgende Empfehlungen gegeben:
- Festlegung der Prämissen, die Gegenstand laufender Kontrollen sein sollen,
- Festlegung der Alternativen, die künftig in Frage kommen,
- Bestimmung eines Rahmenuntersuchungsprogramms zur Durchführung von Analysen in den Ländern,
- Entwicklung von Verfahrensregeln zur einheitlichen Erarbeitung der Kontrollergebnisse in den GA - Gremien.

Die Datenlage zur Prämissenkontrolle gilt wegen der fehlenden sektoralen Wachstumsprojektionen im administrativen Bereich und wegen der Inaktualität der statistischen Basisdaten als ungünstig. Bezüglich der Wirkungszusammenhänge zwischen Zielen und Mitteln wird auf die methodische Problematik der Verarbeitung von Investorenbefragungen einerseits und der Verwendung nicht getesteter Modellrechnungen andererseits hingewiesen. Die genauere Beschreibung des Förderkonzepts wird für Modellrechnungen gefordert, die ihrerseits zur Beurteilung von alternativen Mitteleinsätzen notwendig sind.

1. Kap.: Zusammenfassung und Empfehlungen

Als letzter Zielbereich werden V e r f a h r e n s k o n t r o l l e n behandelt. Zum IST-Zustand sind die Angaben minimal und der Bedarf gegenwärtig gering. Obwohl die Hessische Landesentwicklungs- und Treuhandgesellschaft (HLT) eine Kostenrechnung für Förderfälle durchführt und der Bund im BAW eine Statistik über das Volumen zurückgewiesener Anträge anfertigen und die Anzahl der Prozesse festhalten läßt, besteht sowohl hinsichtlich der Einhaltung der Länderrichtlinien im weiteren Sinne als auch hinsichtlich des Aufwandes im Arbeitsprozeß keine differenzierte Verfahrenskontrolle. Als Vorteile einer verbesserten Verfahrenskontrolle[1] werden Vergleichsmöglichkeiten verschiedener Länderorganisationen, die bessere Überschaubarkeit von Organisationsveränderungen und die Beispielhaftigkeit im europäischen Rahmen hervorgehoben. Es wird jedoch herausgestellt, daß die Kontrollinformationen primär für die einzelnen Institutionen erhoben und von diesen verarbeitet werden sollten.

Folgende Empfehlungen ergeben sich:

- Zur Verfolgung der zweckmäßigen Organisationsregelungen sollten Angaben zum Personal- und Sachmitteleinsatz erfaßt und fortgeschrieben werden,

- über die Reichweite und Art einzuhaltender Richtlinien bei der Vergabe sonstiger Fördermittel sollte Einigkeit hergestellt werden. Kontrollangaben zur Richtlinieneinhaltung sollten ermittelt werden,

- über die zweckmäßigen internen Kontrolldaten für die Führung der Arbeitsbereiche in Bund und Ländern sollte ein Meinungsaustausch mit dem Ziel stattfinden, daß bestimmte Kontrollen allgemein durchgeführt und die Ergebnisse ausgetauscht werden sollen.

Probleme der Datenbeschaffung werden im Verfahrensbereich nicht gesehen, da sämtliche erforderlichen Daten aus Ver-

---
1) Vgl. dazu: Hans Egon Hötger: Die Ergebnisse der regionalen Wirtschaftsförderung, in: IKO, Innere Kolonisation Land und Gemeinde, 24. Jg., Mai/Juni 1975, S. 134.

1. Kap.: Zusammenfassung und Empfehlungen

waltungsaufschreibungen hervorgehen können. Lediglich für die Managementkontrolle wäre eine spezielle Checkliste denkbar, die entwickelt werden müßte.

Die Bereitstellung von statistischem Basismaterial für die Indikatoren eines anzustrebenden Erfolgskontrollsystems sollte sich in einem dem jeweiligen Informationsbedarf angepaßten Prozeß von Kombinationen und Verknüpfungen innerhalb dreier Entwicklungsfelder vollziehen, die durch steigende Anforderungen im Hinblick auf Aktualität, Vollständigkeit in regionaler Gliederungstiefe und Periodizität gekennzeichnet sind.

Auf Grund der vorliegenden Gutachten zur Erfolgskontrolle der regionalen Wirtschaftsförderung zeichnen sich für die Praxis folgende Teilschritte in Richtung auf ein zu entwickelndes System der Erfolgskontrolle ab:

- Bereinigung der Antragsstatistik des BAW (Plausibilitätsüberlegungen),
- Ableitung von Jahreszielen aus den Endzielen,
- Überprüfung der Jahresziele (Zwischenkontrolle) und
- Überprüfung der Fördergebietsabgrenzung (ca. alle drei bis fünf Jahre).

Die hier vorgelegten Vorschläge zu einem Maßnahmenstrukturplan umfassen alle für notwendig gehaltenen Entwicklungsfelder. Die Grobgliederung eines solchen Planes soll den eingangs erwähnten Stufenzielen für den Entwicklungsprozeß der Erfolgskontrolle entsprechen. Die Detailgliederung unter Verwendung aller bisher vorliegenden Ausführungen soll von den Mitgliedern der Gemeinschaftsaufgabe selbst festgelegt werden.

Der Stufenplan dient der Durchführungssicherung. Eingegangen wird auf die Zusammenhänge, die als besonders kritisch angesehen werden. Dies sind der Abstimmungsprozeß über Kriterien und Kontrolldaten, die Sicherung der Unterstützung bei der Datenbeschaffung und die Terminierung sowie die organisatorische Eingliederung der Kontrollprozesse.

Der Abstimmungsprozeß über Kriterien und Kontrolldaten wird letztlich als Erörterung des Gesamtkonzeptes angesehen, der nicht ausgewichen werden sollte. Besonders das Verhältnis von Mitteleinsätzen innerhalb und außerhalb der Gemeinschaftsaufgabe, die Kriterien für den Gesamtmittelbedarf und die Mittelverteilung sowie die Festlegung einer Grundposition gegenüber den Lieferanten von Kontrolldaten sollten geklärt werden. Empfohlen wird zum Abstimmungsprozeß:

- Der jeweilige Entwicklungsstand des Förderkonzeptes, die z.Z. praktizierten und die in der laufenden Planungsperiode anzupassenden Erfolgskontrollmaßnahmen sollen periodisch vom Planungsausschuß und Unterausschuß festgestellt werden.

- Die Erreichung von Fortschritten soll durch die Entwicklung eines Maßnahmenstrukturplans im Unterausschuß der Gemeinschaftsaufgabe sichergestellt werden.

- Die Einrichtung einer Arbeitsgruppe für das Erfolgskontrollsystem und/oder die Anwendung eines speziellen Teamarbeitsverfahrens zur schnelleren Gewinnung von Ergebnissen sollte geprüft werden.

Zur Sicherung der Unterstützung bei der Datenbeschaffung wird auf die Notwendigkeit von Daueraktivitäten bei der Entwicklung der Regionalstatistik hingewiesen. Die Servicefunktion amtlicher statistischer Stellen wird betont. Die Mängel der regionalen Statistik werden nochmals aufgezeigt und als Übergangserscheinung gesehen, die allerdings Verbesserungsforderungen und zusätzliche Vereinbarungen erforderlich macht:

- Den Lieferanten der amtlichen Statistik sind entsprechend ihrer Funktion zunächst sämtliche Bedarfsäußerungen als Forderungen zuzuordnen.

- Sonderstatistiken sollten im vollen Umfange mitgenutzt werden.

- Betriebliche Daten sollten für sämtliche Wirtschaftsbereiche ermittelt und der Verfügbarkeitsanspruch für

1. Kap.: Zusammenfassung und Empfehlungen

Strukturdatenauswertungen sichergestellt werden.

- Mittels Zwischenauswertungen von Meldedaten der Einwohnermeldeämter sollten die Wanderungsbewegungen laufend kontrolliert werden.
- Die Forderung nach einer kontinuierlichen Aufstellung sektoraler Projektionen sollte auch auf die amtlichen Stellen ausgedehnt werden.
- Eine Abstimmung der struktur- und raumordnungspolitischen Aktionsräume und Infrastrukturkataloge sollte herbeigeführt werden. Die Klemmer - Regionen sind als räumliche Zwischengliederungen zu erhalten.
- Die Rückmeldungen über die IST - Vorauszahlungen der Investitionszulage aus den Finanzämtern sind zu sichern.

Zur Terminierung und organisatorischen Eingliederung der Kontrolle wird zunächst die Notwendigkeit von Jahres- und Quartalsberichten erläutert. Quartalsberichte sind dann notwendig, wenn durch genauere Differenzierung der Ziele und Mittel kurzfristig Anpassungen der Planungen erfolgen sollen. Hierzu werden entsprechend kurzfristige Daten benötigt.

Die Jahreskontrollen, die zusammen mit einer Quartalskontrolle durchgeführt werden sollen, müßten vor den entscheidenden Schritten der Festlegung des Finanzbedarfs der Gemeinschaftsaufgabe und der neuen Jahresplanung stattfinden. Außerordentliche Kontrollen werden für die unvorhergesehene Veränderung von Prämissen vorgeschlagen.

Eine Neuordnung der Kontrollberichterstattung wird vorgeschlagen. Zur Organisation wird angeregt, die Zusammenstellungen der Erfolgskriterien und Kontrolldaten durch das BAW anfertigen zu lassen, das die erforderlichen Daten über die Länderregierungen erhält.

Eine separate Kontrollorganisation wird für entbehrlich gehalten.

Die Empfehlungen zu diesem Punkt lauten wie folgt:

1. Kap.: Zusammenfassung und Empfehlungen

- Regionalstatistische Daten außerhalb der BAW-Statistik sollten möglichst in der technischen Form maschinell lesbarer Datenträger und über die Länderverwaltungen an das BAW geliefert werden.

- Die Berichte mit Kontrolldaten sollten vom BAW aufbereitet und in einem Standard-Informationsteil und ein wahlweise abrufbares Datenangebot gegliedert werden. Es wäre zu prüfen, ob Textteile die Daten erläutern sollten.

- Die Verarbeitung der Kontrolldaten im Planungsausschuß und Unterausschuß sollte durch spezielle Tagesordnungspunkte sichergestellt werden.

- In den Rahmenplan sollten Kontrolldaten und ein spezieller Erfolgsberichtsteil übernommen werden.

- Es sollte geprüft werden, ob durch die Integration von Kontrolldaten in Planungsberichte Sonderdarstellungen eingeschränkt und die allgemeine Berichterstattung über die Wirtschaftsentwicklung verbessert werden könnte.

Zusammenfassend wird festgestellt, daß ein erhöhter Arbeitsaufwand durch ein Kontrollsystem nicht zu erwarten ist, aber durch genauere Steuerung mit einem effizienteren Mitteleinsatz gerechnet werden kann.

Zweites Kapitel

EINFÜHRUNG UND PROBLEMSTELLUNG

1. Zielentwicklungen in der regionalen Wirtschaftspolitik
   und Forderung nach einer Erfolgskontrolle

Erfolgskontrollen als Prozeß der Feststellung von Zielabweichungen sind notwendigerweise in Art und Umfang direkt mit den Zielfestlegungen korreliert. Die seit der Institutionalisierung der regionalen Wirtschaftsförderung erfolgten Anpassungsprozesse lassen auf globale Formen von Kontrollen schließen.

Eine zunehmend differenzierte Förderpolitik verdeutlicht die Notwendigkeit verfeinerter Erfolgskontrollen. So wurden für die Gemeinschaftsaufgabe "Verbesserung der regionalen Wirtschaftsstruktur" die Voraussetzungen zur Erfolgskontrolle bereits seit 1969 gesetzlich gefordert: Gemeinsame, fortgeschriebene Planung durch Bund und Länder (§§ 4, 5 GRW) und Länderdurchführung mit Rückinformationsregelung (§ 9 GRW) sind vorgesehen[1]. Im Vergleich zu anderen Politikbereichen hat sich die regionale Strukturpolitik durch die Konkretisierung von Zielformulierungen früh der wissenschaftlichen und praktischen Kritik gestellt[2]. Das Bewußtsein der weiteren Verbesserungsbedürftigkeit des bisherigen Förder-

---

[1] Vgl. Gesetz über die Gemeinschaftsaufgabe "Verbesserung der regionalen Wirtschaftsstruktur" vom 06. 10. 1969 (GRW), BGBl. I, S. 1861.

[2] Vgl. hierzu: Horst Mehrländer: Die Weiterentwicklung der Gemeinschaftsaufgabe "Verbesserung der regionalen Wirtschaftsstruktur", in: Innere Kolonisation Land und Gemeinde, 24. Jg. Mai/Juni 1975, S. 106.

2. Kap.: Einführung und Problemstellung

systems wurde im Planungsausschuß der Gemeinschaftsaufgabe und in Einzelveröffentlichungen dokumentiert.

Der Planungsausschuß legte 1971 folgenden Aufgabenkatalog vor[1]:

- Beschleunigte Neuabgrenzung der Fördergebiete vorbereiten mit dem Ziel, die Neuabgrenzung spätestens bis zum 1. Januar 1975 herbeizuführen,
- eine Methode zur Vereinheitlichung der Auswahl von Schwerpunktorten sollte entwickelt werden,
- möglichst einheitliche Maßstäbe für die Ermittlung von Arbeitsplatzdefiziten sollten in den Fördergebieten erarbeitet werden,
- die Verteilung der Bundesmittel auf die Länder gemäß den gegenwärtigen und künftigen regionalpolitischen Notwendigkeiten sollte überprüft werden,
- beschleunigt sollte ein praktikables Verfahren zur Kontrolle der regionalpolitischen Erfolge entwickelt werden.

Aus diesem Aufgabenkatalog wurden zunächst umfassende Arbeiten zur Zielpräzisierung und Neuabgrenzung der Fördergebiete auf wissenschaftlicher Basis eingeleitet. Danach wurden Aufträge zur Entwicklung eines Systems der Erfolgskontrolle vergeben. Das Land Hessen mit der Hessischen Landesentwicklungs- und Treuhandgesellschaft und die Bundesanstalt für Arbeit mit dem Institut für Arbeitsmarkt- und Berufsforschung[2] haben inzwischen außerdem eigene Untersuchungen zur Erfolgskontrolle und Wirkungsanalyse durchgeführt.

Die erwähnten Aktivitäten unterstreichen zusammen mit neuen Zieläußerungen aus dem Bereich der Politik die zu-

---

1) Vgl. hierzu: Horst Mehrländer, a.a.O., S. 106.
2) Zum Zeitpunkt des Abschlusses der GFS-Studie lagen den Autoren nur die Untersuchungsergebnisse des IAB zu den Auswirkungen von Förderungsmaßnahmen auf regionale Arbeitsmärkte vor.

nehmende Bedeutung der "Erfolgskontrollen".

Das öffentliche Bekenntnis zur Notwendigkeit der Kontrolle und die einsetzende umfangreiche Beschäftigung mit diesem Thema bergen allerdings auch die Gefahr, daß das Ausmaß der theoretischen und praktischen Probleme unterschätzt wird, die gelöst werden müssen. Nicht nur die technische Problematik von SOLL - IST - Vergleichen, sondern auch das Problem der Zurechnung von Wirkungen zu Maßnahmen müßte im Endergebnis gelöst werden.

Im Vergleich zu anderen Politikbereichen sind jedoch durch die eingeleiteten Aktivitäten Schritte unternommen worden, die einer generell befürworteten Tendenz in der öffentlichen Verwaltung entsprechen.

2. Wachsende Bedeutung der Erfolgskontrolle im politisch - administrativen Bereich

In der Vergangenheit bestand im politisch-administrativen Bereich ein großer Abstand zwischen theoretisch geforderten und praktisch realisierten Kontrollen, der zunehmend abgebaut wird.

Über die derzeitige Verbesserung der Praxis der Erfolgskontrollen, z.B. im Bereich der Bundesregierung, gibt die Bundestagsdrucksache vom 04. 12. 1974 Auskunft[1]. Hierzu ist auf die (vorläufigen) Verwaltungsvorschriften zur Bundeshaushaltsordnung zu verweisen, die bei Ausgaben über eine Mio. DM Nutzen - Kosten - Untersuchungen als Entscheidungshilfe und regelmäßige Erfolgskontrollen fordern[2]. Weiterhin wird noch darauf hingewiesen, daß sieben Bundesressorts

---
1) Vgl. Deutscher Bundestag, 7. Wahlperiode, Antwort der Bundesregierung auf drei Kleine Anfragen, Drucksache 7/2887 vom 4. 12. 74, S. 11.
2) Vgl. "Vorläufige Verwaltungsvorschriften zur Bundeshaushaltsordnung", Rundschreiben des BMF vom 21. 5. 1973, S. 42 (zu § 7, Abs. 1.3).

2. Kap.: Einführung und Problemstellung

seit 1970 Techniken für Verwaltungsrationalisierung und Erfolgskontrolle entwickeln. Hier wird auch das Bundesministerium für Wirtschaft und der Bereich der regionalen Wirtschaftsförderung genannt.

Die Prüfung konkreter Beispiele der Erfolgskontrolle im politisch-administrativen Bereich ergibt, daß neben statistischen Teilerfassungen der Verwaltungsleistung und der Erfassung der aufgewandten Haushaltsmittel Kontrollen im theoretischen Sinne kaum vorliegen. Die Beeinflussung der Politik durch den Wählerwillen, die Parlamente in Bund, Ländern und Gemeinden und durch die Vertretungen der Betroffenen führten jedoch nachweisbar zu Anpassungen, die von der Praxis als Ergebnisse von Erfolgskontrollprozessen interpretiert werden können.

Zunehmend werden allerdings mit den Präzisierungen der Ziele der Politik in einer Reihe von Politikbereichen auch die Voraussetzungen für eine Erfolgskontrolle nach theoretischen Anforderungen erarbeitet.

Politik und Verwaltung streben mit dem Bekenntnis zu Zielpräzisierungen eine neue Dimension ihrer Arbeitsweise an.

3. Aufgabenstellung und Vorgehensweise

An die angedeuteten Vorarbeiten im Politikbereich der regionalen Wirtschaftsförderung und an die sich generell abzeichnenden Entwicklungstendenzen knüpfen die hier vorgelegten speziellen Untersuchungen an.

Auf Grund eines Forschungsauftrages des NIEDERSÄCHSISCHEN MINISTERS FÜR WIRTSCHAFT UND VERKEHR vom 03. 09. 1974 hatte die GFS einen gutachtlichen Entwurf für ein System der Erfolgskontrolle im Rahmen der Gemeinschaftsaufgabe "Verbesserung der regionalen Wirtschaftsstruktur" zu erstellen. Schwerpunktmäßig sollten Aussagen zur Organisation der Kontrollprozesse formuliert werden.

Aufgabenstellung und Vorgehensweise

Die Aufgabenstellung bestand demnach in einem mehr theoretischen und einem mehr praxisbezogenen Teil. Insgesamt war mit einer praktischen Verwertbarkeit unserer Arbeitsergebnisse nur dann zu rechnen, wenn mit den Planungs- und Entscheidungsträgern sowohl hinsichtlich der Terminologie als auch hinsichtlich der Relevanz der behandelten Probleme Übereinstimmung erzielt werden konnte.

Mit einem gruppenarbeitsbezogenen Ansatz einer "Problemanalyse" wurde eine erste Abstimmung im terminologischen Bereich und hinsichtlich der Problemrelevanz bestimmter Fragen vorgenommen: Die Mitglieder des Unterausschusses des Planungsausschusses der Gemeinschaftsaufgabe "Verbesserung der regionalen Wirtschaftsstruktur" erarbeiteten in einer eintägigen Sitzung einen Überblick über die aus Sicht der Praxis für relevant gehaltenen Probleme der Erfolgskontrolle[1].

Die grundlegenden Probleme bestanden in der Unzurechenbarkeit von Fördererfolgen zu Fördermaßnahmen[2], in erheblichen Mängeln der statistischen Grundlagen und Arbeitsprozesse sowie in der unterschiedlichen Vorstellung über den Umfang und die Notwendigkeit von Erfolgskontrollen. Eine Zusammenfassung der Einzelaussagen wird in Punkt 4 des 2. Kapitels dieder Veröffentlichung wiedergegeben.

Eine begrenzte Möglichkeit zur Überprüfung der Feststellungen der Praxis ergab sich aus dem Studium der wenigen speziellen Veröffentlichungen zur Erfolgskontrolle regionaler Wirtschaftsförderung, die wir nachfolgend zitieren. Detaillierte Hinweise entstammen den ebenfalls angegebenen Gutachten zu den Zielen.

Hinsichtlich der Organisation, der Koordination und der

---

1) Vgl. Heinrich Jestel und Andreas Jentzsch: Zusammenfassung der Problemanalyse zum Projekt "Entwicklung eines Erfolgskontrollverfahrens für die regionale Wirtschaftsförderung", BMWi 01 - GFS 74, Nr. 50 003. Anlage zum Protokoll des BMWi I C 2, Nr. 70 08 24 vom 19. 1. 1975.

2) Vgl. J. Heinz Müller: Regionale Strukturpolitik in der Bundesrepublik, Kritische Bestandsaufnahme, Göttingen 1973, S. 39.

statistischen Erfassung von Fördermaßnahmen in Bund und Ländern waren wir auf Auskünfte der zuständigen Stellen angewiesen.

Mit einem standardisierten Fragebogen an die von Bund und Ländern zuständigen Stellen wurden Beschäftigtenzahlen, Mitteleinsätze und Arbeitsabläufe in globaler Form erhoben. Ein Test dieser Erhebung erfolgte in direkten Besprechungen mit den zuständigen Unterausschußmitgliedern des Landes Hessen. Eine kritische Erörterung unserer Gestaltungsvorschläge fand mit den Unterausschußmitgliedern der Länder Bayern und Rheinland-Pfalz statt. Die Fragebogenergebnisse wurden durch telefonische Rückfragen, Kontrollrechnungen und z.T. schriftliche Zusatzbefragungen ergänzt.

Einzelbefragungen zum IST-Zustand der Erfolgskontrolle, den Datenproblemen und den geplanten Auswertungen wurden während der Untersuchung mit Mitarbeitern der folgenden Stellen oder Einrichtungen geführt:

- Bundesamt für gewerbliche Wirtschaft, Eschborn,
- Bundesforschungsanstalt für Landeskunde und Raumordnung, Bonn,
- Bundesministerium für Wirtschaft, Unterabteilung Strukturpolitik, insbesondere Referat für regionale Strukturpolitik, Bonn,
- Institut für Arbeitsmarkt- und Berufsforschung bei der Bundesanstalt für Arbeit, Nürnberg,
- Statistisches Bundesamt, Wiesbaden.

Im Verlauf der Untersuchung bereitete die Feststellung regional wirksamer Landesmittel auf einheitlicher Grundlage große Schwierigkeiten. Bei der ansatzweisen Lösung der Feststellungsprobleme und bei den Aufklärungsfragen zur Steuerstatistik wurden wir unterstützt vom

- Bundesministerium für Finanzen mit den zuständigen Referaten.

Kenntnisse zu den Kriterien und Datenmaterialien der Erfolgskontrolle konnten wir aus dem vom Auftraggeber vorgesehenen Austausch von Zwischenergebnissen mit den Gutachtern JÜRGEN WULF (Universität Konstanz) und HEIMFRID WOLFF (Prognos AG, Basel) gewinnen, mit denen wir zweimal zu Abstimmungsgesprächen zusammengetroffen sind.

Aus diesen Abstimmungen folgte für die Aufgabenstellung, daß die ursprünglich vorgesehene Schwerpunktbildung unter den Gutachtern aus zeitlichen Gründen nur ansatzweise durchführbar war. Die Arbeitsfelder der Indikatorenentwicklung (Gutachter WULF), statistisches Datenmaterial (Gutachter WOLFF) und Organisation (Gutachter JENTZSCH und PFEIFFER) mußten parallel in Angriff genommen werden. Dementsprechend enthält der vorliegende Entwurf eines Erfolgskontrollsystems auch spezielle GFS-Vorschläge für Indikatoren und Kontrolldaten. Diese Vorschläge sind mit dem Ziel sehr umfassend angelegt, einen weiten Rahmen an Auswahlmöglichkeiten für den konkreten praktischen Gestaltungsprozeß zu liefern.

Wesentliche Hinweise verdanken wir schließlich den Besprechungen mit dem Auftraggeber, die sowohl über die Zwischenberichte als auch über die Endberichte stattgefunden haben.

Unsere eigenen Vorschläge für ein System der Erfolgskontrolle haben wir auch unter Verwendung eines nicht quantifizierten Systemmodells der Einflußfaktoren auf die regionale Wirtschaftsstruktur entwickelt. Außerdem haben wir die Geltung der Grundsätze integrierter Managementsysteme für die öffentliche Verwaltung unterstellt[1].

Aus allen Überlegungen und Erörterungen bestätigten sich zwei zentrale Hypothesen zur Entwicklung eines Erfolgskontrollsystems:

---

1) Vgl. Siegfried Böttcher: "Führung durch Ziele" und die öffentliche Verwaltung, in: Verwaltung und Fortbildung, Heft 1, 1974, S. 31 bis 42.

- Die bereits in ersten Problemanalysen ausgewiesenen Einzelprobleme wurden durch andere Feststellungen als relevant bestätigt.
- Die Einzelprobleme lassen untereinander deutliche Verknüpfungen erkennen. Diese Verknüpfungen sprechen für eine stufenweise Entwicklung eines Systems der Erfolgskontrolle.

4. Ausgangsprobleme der Erfolgskontrolle in der Praxis

Im einzelnen sind die speziellen Erfolgskontrollprobleme von den Mitgliedern des Unterausschusses der Gemeinschaftsaufgabe in der beschriebenen Problemanalyse erfragt, gewichtet und diskutiert worden. Nach ihrer inhaltlichen Gruppierung und nach der Durchführung der Gewichtung ergaben sich folgende vier Hauptproblembereiche:

- Die Beurteilungsmöglichkeit der Wirksamkeit der Instrumente wurde als Hauptziel der Erfolgskontrolle gesehen.
- Eine noch weitere Zielpräzisierung, -gewichtung und -abstimmung wurde für wünschenswert gehalten.
- Das bisherige Kontrolldatenmaterial erschien noch nicht ausreichend.
- Die Organisation der Erfolgskontrolle könnte noch verbessert werden.

Die Frage der Wirksamkeit der Instrumente regionaler Wirtschaftsförderung wurde unter dem Terminus "Wirkungsanalyse" diskutiert. Die Diskussionen hierüber nahmen breiten Raum ein. Die auch mit den Problemgewichtungen erfolgte Hervorhebung der "Wirkungsanalyse" unterstreicht das theoretische Zurechnungsproblem eingetretener Veränderungen zu eingesetzten Maßnahmen.

Die Betonung des Wunsches nach Zielpräzisierung kann als Ausdruck für die Schwierigkeit der Entscheidung über den Mitteleinsatz interpretiert werden. Weiterhin drückt sich in den genannten Problemen der Wunsch nach Steigerung der Kontrollfähigkeit aus.

Bei den **verfügbaren Daten** wird auf konkrete Beschaffungsprobleme verwiesen, die Lücken und Mängel hinsichtlich der gewünschten Kontrollinformationen andeuten.

Zur **Organisation** werden Abstimmungsnotwendigkeiten innerhalb der Bundesrepublik und im Rahmen der EG betont. Es werden einheitliche und übertragbare Erfolgskontrollverfahren explizite gefordert.

Zusammengefaßt sind die genannten Probleme Ausdruck fortgeschrittener SOLL-Vorstellungen über die Erfolgskontrolle, die bereits an die theoretischen und praktischen Realisierungsgrenzen stoßen dürften.

Z.B. fehlen die theoretischen Voraussetzungen zur Wirkungsanalyse so weitgehend, daß vermutet werden muß, daß auch bessere Daten nicht zwingend zu eindeutigeren Schlußfolgerungen führen. Es ist auch nicht auszuschließen, daß weitere Zielpräzisierungen aus Gründen der politischen Grundordnung und der Flexibilität des politischen Instrumentariums unzweckmäßig sind.

Die erheblichen theoretischen und praktischen Probleme bei der Erfüllung gesteigerter Informationswünsche rechtfertigen z.T. die Bedeutung der trivialen Frage, **ob im Rahmen der artikulierten Ziele und formulierten Wirkungszusammenhänge durch zusätzliche Daten und verbesserte Organisation** die Erfolgskontrolle verbessert werden kann. Die am gegenwärtigen statistischen Datenangebot geäußerte Kritik läßt den Schluß zu, daß solche Verbesserungen zumindest sehr wahrscheinlich sind[1].

Die Bedeutung der Datenauswahl und Kontrollorganisation

---

[1] Vgl. hierzu Hans Hermann Eberstein, in: Eberstein, Handbuch der regionalen Wirtschaftsförderung, Köln, 1971/1974, A III, S. 36.

liegt jedoch vor allem darin, daß alle tiefgreifenden analytischen Aussagen präzise SOLL - IST - Vergleiche jetziger und künftiger Strukturzustände erfordern.

Auf dem Hintergrund der Vorinformationen und der Problemanalyse gelangten wir zu folgender Situationseinschätzung bezüglich unserer Aufgabenstellung: Der für die regionale Wirtschaftspolitik gegenwärtig allgemein artikulierte Kontrollbedarf kann im Rahmen der politisch-administrativen Gesamtsituation um das Jahr 1975 nicht als abgeschlossen angesehen werden. Es ist damit zu rechnen, daß die Anpassungsfähigkeit der Politik, die zu berücksichtigenden Faktoren der Entscheidungen und die Kritikfähigkeit der Öffentlichkeit wachsen. Die Einschätzung der Erfolgskontrolle und damit die Anforderungen an ein Erfolgskontrollsystem werden weiter zunehmen. Hieraus folgt ein starker Zukunftsbezug und damit eine Abhängigkeit unserer Vorschläge von einem Informationsbedarf, der erst aus einer künftigen Betrachtungsweise der Erfolgskontrolle voll bestimmbar wird.

5. Stufenweise Entwicklung der Erfolgskontrolle

Die Notwendigkeit eines sich in mehreren Stufen vollziehenden Entwicklungsprozesses der Erfolgskontrolle ist zum einen darin zu sehen, daß erst aus einer genauen Bestimmung der Ziele und des Systems der Förderung Ableitungen der erforderlichen Erfolgskriterien und Kontrolldaten möglich sind. Zum anderen erfordern

- unterschiedliche Ansichten über Art und Umfang der Kontrollen Auseinandersetzungen mit dem Thema,

- Detailbestimmungen des Informationsbedarfs und die Beschaffung der notwendigen Daten Zeit und

- organisatorische Dauerregelungen zuerst Phasen der Erprobung und Anpassung.

Diese Feststellungen schließen Vorgehensweisen aus, nach

denen es auf Grund von einmaligen internen Festlegungen oder auf Grund der unmodifizierten Übernahme von Expertenvorschlägen zu kurzfristigen und abschließenden Einführungen eines neuen, geschlossenen Konzeptes in der Praxis kommt.

Vielmehr ist zu erwarten, daß die interne Auseinandersetzung mit den Vorschlägen externer Experten als geeignete Form des Gestaltungsprozesses fortgesetzt wird.

Die teilnehmende Auseinandersetzung mit Expertenvorschlägen ist eine heute allgemein anerkannte Forderung[1]. Der Unterausschuß ist den Vorschlägen der Gutachter dahingehend gefolgt, daß die bisherigen Ergebnisse der Erfolgskontrolle im September 1975 diskutiert werden. Damit ist einerseits eine stufenweise Entwicklung der Erfolgskontrolle eingeleitet. Andererseits ergibt sich aus diesem Verfahren zwangsläufig, daß eine differenzierte Entwicklung einzelner Bestandteile des Kontrollsystems erst nach Zwischenabstimmungen sinnvoll ist, zu denen vor allem eine Einigung darüber gehört, welcher gemeinsame Informationsbedarf gedeckt werden soll.

Unterschiedliche persönliche und fachliche Erfahrungen und unterschiedliche Sprachgewohnheiten und Konzeptinterpretationen werden am besten durch gemeinsame Erörterung zu einer abgestimmten SOLL - Vorstellung entwickelt. Ziel einer ersten Stufe der Entwicklung eines Erfolgskontrollsystems sollte daher sein:

- Konzeption eines abgestimmten und fortschreibbaren, an den gegenwärtigen Förderinstrumenten orientierten Kontrollsystems.

Nach den ersten Kontrollprozessen und Abweichungsanalysen ist die Feststellung erforderlich, ob das Fördersystem entsprechend den ursprünglichen Zielvorstellungen arbeitet. Diese Überprüfung scheint gegenwärtig besonders wichtig,

---
1) Vgl. Andreas Jentzsch: Systemanalyse - Mittel unternehmerischer Zukunftsgestaltung ? -, in: Plus, Heft 11, 1971, S. 79.

weil die bisherige Wirtschaftsentwicklung, auf die das jetzige Förderkonzept ausgerichtet ist, nur mit großen Einschränkungen in die Zukunft projiziert werden kann. Die Einsatznotwendigkeit neuer regionalpolitischer Instrumente ist nicht auszuschließen. Aus einem anhand von ersten systematischen Erfolgskontrollen überprüften Förderkonzept ließen sich die erforderlichen Kontrolldaten verbindlich festlegen. Folgende Ergebnisse sollten in einer zweiten Entwicklungsstufe erreicht werden:

- Festlegung des Kontrollsystems auf Grund erster Überprüfungen des gegenwärtigen Förderkonzeptes.

Erst wenn sehr verbindlich festgestellt ist, welche Daten zur Kontrolle erforderlich sind, empfiehlt sich die endgültige Erarbeitung und Einführung organisatorischer Dauerregelungen, deren Umsetzung der Einführung eines entwickelten Erfolgskontrollsystems gleichkommt. Der organisatorischen Umsetzung ist nach bisherigen Erfahrungen erhebliche Aufmerksamkeit zu widmen, da erst diese Umsetzung über den Erfolg des Konzeptes entscheidet. Die erforderliche Beteiligung von Bund, Ländern, Gemeinden und Sonderbehörden stellt im Falle der regionalen Wirtschaftspolitik ein besonderes Problem dar. Das Ergebnis der dritten Stufe eines Erfolgskontrollkonzeptes sollte daher lauten:

- Organisatorische Dauerregelungen sollten nach erfolgreichen Probeläufen getroffen werden. Eine sorgfältige Einführung sollte gesichert sein.

Die Forderung nach verschiedenen S t u f e n der Erfolgskontrolle b e d e u t e t n i c h t , daß der Prozeß der Erfolgskontrolle erst nach einem mehrjährigen Entwicklungszeitraum begonnen werden soll. Vielmehr wird es für notwendig gehalten, mit einer Grundstufe der Erfolgskontrolle sofort zu beginnen. Es wird daher im Rahmen des zu entwickelnden Systems notwendig sein, zwischen einem voraussichtlichen Endkonzept und Zwischenstufen zu unterscheiden. Das hier darzustellende Konzept besteht also aus einem voraussichtlichen Endkonzept für einen späteren Zeitpunkt, aus dem unmittelbar für anwendbar gehaltene Einzelvorschläge entnommen und konkretisiert werden können.

Der Zeithorizont für eine endgültige Entwicklung und Einführung wird zwischen drei und fünf Jahren nach Erörterung der jetzt vorgelegten Vorschläge gesehen. Die für das endgültige Konzept vorzulegenden Vorschläge sind daher auf Anforderungen zu beziehen, die nach der bisherigen Entwicklung in drei bis fünf Jahren an die regionale Förderung und ihre Kontrolle gestellt werden können.

Drittes Kapitel

BEGRIFF UND IST-ZUSTAND DER ERFOLGSKONTROLLE
REGIONALER WIRTSCHAFTSFÖRDERUNG

1. Erfolgskontrolle als SOLL-IST-Vergleichsprozeß

Die Begriffe "Erfolgskontrolle" oder "Kontrolle" bezeichnen zentrale Phasen oder Teilfunktionen im Gestaltungsprozeß von Politik und Wirtschaft.

Den Zusammenhang der Teilschritte, in den die Phase "Kontrolle" auftritt, gibt WILD[1] als Zyklus mit der Hintereinanderschaltung von Zielbildung, Problemerkenntnis, Alternativensuche, Prognose, Bewertung, Entscheidung, Durchsetzung, Kontrolle und Abweichungsanalyse an. Vor allem über die Abweichungsanalyse wird der Kreis der Teilschritte oder Phasen geschlossen. In diesem Phasen-Zusammenhang ist die Kontrolle auf SOLL-IST-Vergleiche zwischen angestrebten und erreichten Zuständen beschränkt.

Mögliche Ursachen für das Auseinanderfallen von ursprünglichen Zielen und Erreichtem werden in der Abweichungsanalyse untersucht. Die Abweichungen sollen in den nachfolgenden Perioden durch veränderte Ziele oder verbesserten Mitteleinsatz vermieden werden.

Erfolgskontrolle in diesem Sinn ist die Gewinnung von Kontrollinformationen für Steuerungs- und Gestaltungszwecke [2].

---

1) Vgl. Jürgen Wild und Peter Schmid: Managementsysteme für die Verwaltung: PPBS und MbO, Sonderdruck aus: Die Verwaltung, 6. Bd., 1973, Heft 3, S. 149ff.
2) Vgl. Gerhard Voss: Erfolgskontrolle regionaler Strukturpolitik, Diss., Köln 1973, S. 19.

Die Kontrollinformationen müssen die V o r a u s s e t z u n g e n für die Abweichungsanalyse schaffen.

Im praktischen Sprachgebrauch wird "Erfolgskontrolle" auch so verwendet, daß die Analyse der Wirkungen von Maßnahmen (Wirkungsanalyse) einbezogen ist. Erfolgskontrolle wird dann als Überprüfungs- und Korrekturinstrument angesehen.[1]

Die Unterschiede zwischen den beiden Begriffsbestimmungen sind erheblich: Während bei strenger Begriffsbildung die Frage des zweckmäßigen, optimalen Einsatzes von Instrumenten n a c h der Erfolgskontrolle oder a u f g r u n d der Erfolgskontrolle geprüft wird, sind bei der weiten Begriffsbildung Wirkungsprüfungen der Maßnahmen Bestandteil des Kontrollprozesses.

In der vorliegenden Arbeit wird der Begriff "Erfolgskontrolle" aus zwei Gründen im engeren Sinne verwendet:

- Die strengere Begriffsbildung entspricht den neueren Terminologieentwicklungen.
- In den Auftragsbesprechungen wurde eine enge Begriffsbestimmung mehrfach als problemrelevant begründet.

2. IST-Zustand und Veränderungsmöglichkeiten
der Erfolgskontrolle

a) Arbeitsteilung zwischen Bund und Ländern

Entsprechend der Aufgabenteilung in der Gemeinschaftsaufgabe ist auch für die nachweisbaren Kontrollprozesse eine Arbeitsteilung zwischen Bund und Ländern feststellbar.

---

[1] Zur Zweiteilung von Wirkungsanalysen und Zielerreichung vgl. auch Hans Friderichs: Mut zum Markt, Wirtschaftspolitik ohne Illusionen, Bonn, 1974, S. 40.

3. Kap.: Begriff und IST-Zustand

Die Länder erläutern die Erfolge ihrer regionalen Strukturpolitiken in speziellen Berichten und übernehmen auch selbst die erforderliche Datenbeschaffung. Der Bund stellt die regionale Strukturpolitik regelmäßig im Rahmen der Wirtschaftsberichterstattung dar.

Das Bundesamt für gewerbliche Wirtschaft, das in die Bewirtschaftung der Fördermittel eingeschaltet ist, erstellt spezielle statistische Auswertungen der Fördermittelanträge, die zu Quartalsberichten zusammengefaßt werden. Diese Statistiken stehen Bund und Ländern zur Verfügung und gehen teilweise in die jeweilige Berichterstattung ein.

Insgesamt sind die formalen Kontrollen bisher nicht stark entwickelt. Es kann jedoch unterstellt werden, daß die Länder die Detailergebnisse ihrer Kontrollen mittelbar in die periodischen Neuplanungen ihrer Förderungen einbeziehen. Bund und Länder haben überdies nach der Festlegung von Kriterien zur Fördergebietsbestimmung die lange geforderte Kontrolle der Gebietsabgrenzung durchgeführt und eine Neuabgrenzung beschlossen. Zur genaueren Feststellung der praktizierten Kontrollen wurden in Bund und Ländern Fragebogenerhebungen durchgeführt.

Da die gegenwärtig praktizierten und künftig möglichen Erfolgskontrollen von dem Förderkonzept abhängen, wurden Auskünfte zu zwei Bereichen erbeten:

- Zum Förderkonzept (Mitteleinsatz und Organisation) und

- zur Erfolgskontrolle (Art, Ablauf und Ergebnisse der Kontrollen).

Die Beantwortung durch die Länder zeigt zum Teil erhebliche Interpretationsunterschiede.

Durch Einzelgespräche, telefonische Rücksprachen und einen Ergänzungsfragebogen zum Mitteleinsatz und zur Organisation konnte das erste Bild des IST-Zustandes abgerundet werden.

IST - Zustand und Veränderungsmöglichkeiten 39

Dennoch stellen die nachfolgend angegebenen Beschreibungen nur erste Hinweise auf die Detailarbeitsprozesse dar.

b) Aufgaben, Koordination und Differenzierung der Förderung in Bund und Ländern

Mit der Frage nach den antragbearbeitenden Stellen für die Investitionszulage und die Investitionszuschüsse sollten Aussagen über die Arbeitsteilung in Bund und Ländern gewonnen werden.

Grundsätzlich liegt die Bearbeitung der Anträge in Händen der Länder.

Das Bundeswirtschaftsministerium ist in den Antragsverfahren zur Bescheinigung für die Investitionszulagen durch eigene Prüfungstätigkeit bei Anträgen über 10 Mio. DM und bei Sonderfällen tätig.[1]

Das Bundesamt für gewerbliche Wirtschaft, das dem Bundesminister für Wirtschaft untersteht, erteilt in den übrigen Fällen der Anträge auf Investitionszulage die Bescheinigung und führt deren statistische Erfassung durch.

Sowohl bei der Investitionszulage als auch bei den Investitionszuschüssen liegen detaillierte Antragsprüfungsprozesse bei den Ländern.

Die in Bund und Ländern jeweils beteiligten Stellen sind in der nachfolgenden Tabelle dargestellt.

---

1) Vgl. auch Peter Becker: Das Verfahren zur Gewährung von Mitteln der Gemeinschaftsaufgabe "Verbesserung der regionalen Wirtschaftsstruktur", in: Eberstein, Handbuch der regionalen Wirtschaftsförderung, C I, S. 4ff.

40 3. Kap.: Begriff und IST-Zustand

ANTRÄGE AUF INVESTITIONSZULAGE UND INVESTITIONSZUSCHÜSSE BMWi 01 - GFS 74, Stand 12/74
ÜBERSICHT ÜBER DIE BETEILIGTEN STELLEN ABB. NR. 1

	Verbände, Empfänger	Kreditgemeinschaften	Gemeindeämter	Landkreise, kreisf. Städte	IHK, HK	Hausbanken	Wirtsch. Prüfer, Steu. Ber., Kredit- u. Planungs-Auss.	Wirtschaftsförderungsges., Aufbauanst., Landesbank	Regierungsbezirk	Arbeitsämter	Finanzämter	Interminist. Ausschüsse	Senator o. Minister f. Wi.	Sonst. Senate o. Minister	Statistische Landesämter	Statistisches Bundesamt
Baden-Württemberg													ZL ZS			
Bayern									ZL ZS				ZL ZS			
Bremen			ZL ZS										ZL ZS			
Hessen					ZL ZS			ZL ZS	ZL ZS				ZL ZS 1)			
Niedersachsen								ZL ZS	ZL ZS				ZL ZS			
Nordrhein-Westfalen								ZL ZS	ZL ZS				ZL ZS			
Rheinland-Pfalz				ZS 2)				ZL ZS	ZL ZS				ZL ZS			
Saarland						ZL ZS							ZL ZS	ZS 3)		
Schleswig-Holstein					ZL ZS								ZL ZS			
Bund, im BMWi und BAW								ZL				ZL	ZL			

ZL = Investitionszulage
ZS = Investitionszuschuß

1) Für Infrastrukturprojekte "Landwirtschaftsminister"
2) Für Infrastrukturprojekte
3) Für Infrastrukturprojekte Innenministerium

IST - Zustand und Veränderungsmöglichkeiten   41

Aus den unterschiedlichen Antragsverfahren folgt, daß an verschiedenen Stellen Daten zur Prüfung einzelner Fördervoraussetzungen vorliegen müssen und Antragsdaten (als Durchschriften oder Auszüge) gesammelt werden können.

Zum Einsatz weiterer regional wirksamer Fördermittel wurde zunächst nach den Mitteln gefragt, die in Bund und Ländern noch von den gleichen Stellen vergeben werden, die auch die Investitionszulage und die Investitionszuschüsse vergeben.

Im Bundesministerium für Wirtschaft werden vom zuständigen Referat I C 2 noch folgende Mittel bewirtschaftet:

	Mio. DM	
Konjunkturprogramme	1973	1974
Kommunale Infrastrukturinvestitionen		
- Berufsbildende Schulen und Ausbildungsstätten,		
- Werkstätten für Behinderte,		
- Kinderhorte,		
- Tagesstätten für Jugendliche und Alte,		
- Heiz- und Wasserwerke,		
- Müllanlagen,	----	180
- Kurmittelzentren,		
- Hallenbäder,		
- Sporthallen,		
- Mehrzweckhallen und		
- Omnibusbahnhöfe.		

Neben diesen Finanzierungen sind die Zonenrandfrachthilfen und die Erteilung von Bescheinigungen gemäß Grundstücksverbilligungsgesetz zu erwähnen.

Von den Ländern werden insgesamt neun verschiedene Mittelkategorien genannt. Einzelheiten sind der nachfolgenden Übersicht zu entnehmen.

3. Kap.: Begriff und IST-Zustand

VERGABE VON SONSTIGEN REGIONAL WIRKSAMEN MITTELN DURCH DIE FÜR INVESTITIONSZULAGEN UND -ZUSCHÜSSE ZUSTÄNDIGEN INSTITUTIONEN

BMWi 01 - GFS 74 - 12/74
ABB. NR. 2

	Berufliche Bildung	Fremdenverkehr	Konjunkturprogramme	Zinszuschüsse i. Darlehen	Mittelstandsprogramme - außer ERP -	wie GA-Mittel eingesetzte Landeszuschüsse	Wirtschaftsstörderungsmittel	Grunderwerbsst euerbefreiung u. Grundstücksverbilligung	Frachthilfe	SUMME 1973	SUMME 1974
Baden-Württemberg	1,0 / 2,46		13,2 / 14,82			22,1 / 21,6				26,3	38,88
Bayern				27,0 / 41,7				x		27,0+	41,7+
Bremen			12,5			10,877 / 7,7	0,15 / 1,15			10,927	21,35
Hessen			20,0		2,9 / 2,9	5,0 / 5,0		x		7,9+	27,9+
Niedersachsen						x			x	+	+
Nordrhein-Westfalen				97,0 / 67,0						97,0	67,0
Rheinland-Pfalz						39,5 / 41,3				39,5	41,3
Saarland								2,779 / 1,593		2,779	1,593
Schleswig-Holstein		0,6 / 0,69			9,61 / 10,63	8,98 / 7,76				19,19	19,08
Bund			180,0					x	x	180,0+	180,0+

+ Nicht quantifizierbare Mittelansätze blieben unberücksichtigt

GFS Form-Nr. 00008

IST - Zustand und Veränderungsmöglichkeiten

Die Tabelle zeigt zunächst die sehr unterschiedlichen Aufgabenverteilungen. Unterstellt man einen Zusammenhang zwischen den jeweils verfügbaren Fördermitteln und beabsichtigten Wirkungen auf die Wirtschaftsstruktur, so ist die Zusammenstellung als Hinweis auf die Vielfalt möglicher Maßnahmen zu werten.

Mit der Frage nach r e g i o n a l w i r k s a m e n M i t t e l n , die n e b e n d e n b e r e i t s g e n a n n t e n eingesetzt werden, wurden erste Hinweise zur Beurteilung der regionalen Wirkung von Haushaltsmitteln und zum Kontrollproblem der Mittelabstimmung erwartet.

Die eingehenden Antworten wiesen starke Interpretationsunterschiede auf und verdeutlichten das Problem fehlender Mittel-Gliederungen für Programme. Wegen der Relevanz dieses Punktes für das künftige Kontrollkonzept wurde eine Arbeitsgliederung[1] der als regional wirksam angesehenen Mittel erstellt. Diese basiert auf dem einheitlichen Funktionenplan. Nach Modifizierung einzelner Punkte durch Streichung gewisser Funktionsziffern wurden die entsprechenden Angaben aus den Haushaltsplänen der Länder und des Bundes entnommen[2]. Die Ergebnisse der Ergänzungsfeststellungen bei den Ländern ließen dieses Verfahren als sinnvoll erscheinen

Im 2. bzw. 3. Rahmenplan der Gemeinschaftsaufgabe "Verbesserung der regionalen Wirtschaftsstruktur" wurden rund 856,0 Mio. DM in 1973 für GA-Mittel und Investitionszulagen

---

1) Vor Aufstellung der Arbeitsgliederung erfolgte eine Besprechung in der Bundesforschungsanstalt für Landeskunde und Raumordnung, in der gegenwärtig die gleiche Frage - stellung unter dem zusätzlichen Gesichtspunkt der Regionalisierung der Förderwirkung bearbeitet wird.

2) Nicht berücksichtigt wurden - mit Ausnahme der in Klammern stehenden Länder oder des Bundes - folgende Funktionsziffern: 0, 156, 189, 19, 21, 234, 235, 236, 238, 239, 242, 246, 249, 252, 253, 254, 299 (Niedersachsen, Nordrhein-Westfalen, Rheinland-Pfalz, Schleswig-Holstein, Bund , Hessen), 431 u. 434 u. 435 (Rheinland-Pfalz, Schleswig-Holstein, Bund), 528, 531, 642, 649, 669, 67, 68 (Schleswig-Holstein, Bund), 853 u. 854 u. 862 (Schleswig-Holstein), 873, 9.

und entsprechend rund 788,4 Mio. DM in 1974 ausgewiesen.

Die Summe der von Bund und Ländern eingesetzten sonstigen regional wirksamen Mittel wurde um die Höhe der entsprechenden geplanten Zahlungsströme zwischen Bund und Ländern berichtigt.

Im Vergleich zu diesem groben Gesamtwert aller regional wirksamer Mittel bilden die Mitteleinsätze im Rahmen der Gemeinschaftsaufgabe nur einen geringen Anteil an den regional wirksamen Ausgaben für 1973 und 1974.

Die Zusammenstellung sollte lediglich Beispielcharakter haben. Eine endgültige Festlegung eines derartigen Mittelkatalogs müßte sicherlich in einigen Punkten korrigiert und erweitert werden - nicht enthalten sind z.B. Angaben über die im Subventionsbericht enthaltenen Steuervergünstigungen sowie über die Gewerbesteuer- und Grundstückspolitik der Gemeinden. Gerade letztere sind durch hohe Regionalwirksamkeit gekennzeichnet.

Weiterhin wird die Vergleichsmöglichkeit durch länderspezifische Haushaltsansätze beeinträchtigt wie beispielsweise die Ausweisung von Wiedergutmachungsleistungen des Bundes im Haushalt von Rheinland-Pfalz.

Die Übersicht läßt jedoch die Schlußfolgerung zu, daß angesichts des geringen Prozentsatzes der GA-Mittel und Investitionszulagen vom Gesamtwert aller regional wirksamer Mittel eine diesbezügliche Kontrolle und Koordination anzustreben ist.

IST - Zustand und Veränderungsmöglichkeiten

REGIONAL WIRKSAME MITTEL - SPEZIELLE REGIONALE MITTEL DER WIRTSCHAFTSFÖRDERUNG UND SONSTIGE REGIONAL WIRKSAME MITTEL IN MIO. DM FÜR 1973 NACH HH-PLANANSÄTZEN									BMWI 01 - GFS 74 ABB. NR. 3
	Baden-Württemberg	Bayern	Bremen	Hessen	Niedersachsen	Nordrhein-Westfalen	Rheinland-Pfalz	Saarland	Schleswig-Holstein	Bund
1 Ansatz 1) ZL + ZS	30,3	187,9	5,3	74,5	212,0	38,4	77,2	110,0	119,5	490,0 2)
2 Sonst. strukturf. Mittel	36,3	27,0	11,0	40,0	3,9 3)	97,0	39,5	2,8	19,2	- 2)
3 Zwischensumme 1 + 2	66,6	214,9	16,3	114,5	215,9	135,4	116,7	113,8	138,7	490,0
4 Bildungswesen, Wissenschaft, Forschung, kult. Angelegenheiten	5018,0	5537,9	240,2	3146,2	3003,5	9080,5	1753,3	566,8	1099,0	6550,3
5 Soz. Sicherung, soz. Kriegsfolgeaufgaben Wiedergutmachung	1191,7	1272,1	56,9	703,7	782,5	2268,8	371,7	97,1	275,7	32178,5
6 Gesundheit, Sport und Erholung	811,0	776,1	7,7	218,9	480,0	1236,7	329,3	105,7	113,9	1311,3
7 Wohnungswesen, Raumordnung u. kommunale Gemeinschaftsdienste	437,6	624,3	107,2	389,8	480,7	816,4	259,7	52,9	181,9	1813,8
8 Ernährung, Landwirtschaft und Forsten	464,5	846,7	5,9	241,2	576,0	555,8	247,7	19,5	163,9	2947,0
9 Energie- u. Wasserwirtschaft, Gewerbe, Dienstleistungen	350,7	669,0	25,2	147,2	470,1	889,3	163,8	58,7	238,7	3096,6
10 Verkehrs- und Nachrichtenwesen	819,7	1404,8	7,2	675,1	726,4	2195,9	492,9	97,7	251,1	10033,7
11 Wirtsch. Unternehmen, allg. Grund-u. Kapitalvermög., Sonderverm.	345,0	375,6	10,2	197,2	282,4	179,6	177,8	28,7	34,9	8181,8
12 Zwischensumme 4-11	9438,2	11506,5	460,5	5719,3	6881,6	17223,0	3796,2	1027,1	2359,1	66113,0
13 3 in % von 12	0,7	1,9	3,5	2,0	3,1	0,8	3,1	11,1	5,9	0,7

++ alle Zahlenangaben wurden auf- oder abgerundet

1) GA-Mittel einschließlich Verpflichtungsermächtigungen und Investitionszulagen gemäß Rahmenplan
2) Im Zuständigkeitsbereich von I C 2
3) Es konnte vorerst nur die Höhe der Frachthilfen ermittelt werden

46   3. Kap.: Begriff und IST-Zustand

REGIONAL WIRKSAME MITTEL - SPEZIELLE REGIONALE MITTEL
DER WIRTSCHAFTSFÖRDERUNG UND SONSTIGE REGIONAL WIRK-   BMWI 01 - GFS 74
SAME MITTEL IN MIO. DM FÜR 1974 NACH HH-PLANANSÄTZEN   ABB. NR. 4

	Baden-Württemberg	Bayern	Bremen	Hessen	Niedersachsen	Nordrhein-Westfalen	Rheinland-Pfalz	Saarland	Schleswig-Holstein	Bund
1 Ansatz 1) ZL + ZS	27,1	182,8	4,4	68,7	187,8	30,3	69,4	104,3	113,6	522,4 2)
2 Sonst. strukturf. Mittel	37,9	41,7	8,9	50,7	4,5 3)	67,0	41,3	1,6	19,1	180,0 2)
3 Zwischensumme 1 + 2	65,0	224,5	13,3	119,4	192,3	97,3	110,7	105,9	132,7	702,4
4 Bildungswesen, Wissenschaft, Forschung, kult. Angelegenheiten	5754,6	6186,3	236,9	3185,6	3658,6	9797,3	2127,0	649,2	1206,8	7804,3
5 Soz. Sicherung, soz. Kriegsfolgeaufgaben Wiedergutmachung	1258,0	1366,0	67,0	690,2	903,3	2432,2	407,3	103,3	301,3	37012,8
6 Gesundheit, Sport und Erholung	943,7	914,4	8,1	219,4	545,5	1139,2	353,6	127,1	134,3	1445,3
7 Wohnungswesen, Raumordnung u. kommunale Gemeinschaftsdienste	467,2	770,5	127,5	389,8	486,5	850,0	293,6	49,1	209,9	1857,0
8 Ernährung, Landwirtschaft und Forsten	499,6	884,0	8,9	246,4	642,8	541,1	279,2	21,2	178,1	2349,8
9 Energie- u. Wasserwirtschaft, Gewerbe, Dienstleistungen	356,3	731,1	23,7	148,3	548,4	877,1	167,5	56,2	262,2	3943,4
10 Verkehrs- und Nachrichtenwesen	909,3	1505,9	6,1	692,9	746,1	2251,4	588,8	113,6	316,3	10851,3
11 Wirtsch. Unternehmen, allg. Grund- u. Kapitalvermög., Sonderverm.	375,7	388,7	9,9	205,2	356,0	195,0	186,6	27,6	37,7	9678,3
12 Zwischensumme 4-11	10564,4	12746,9	488,1	5777,8	7887,2	18083,3	4403,6	1147,3	2646,6	74942,2
13 3 in % von 12	0,6	1,8	2,7	2,1	2,4	0,5	2,5	9,2	5,0	0,9

++ alle Zahlenangaben wurden auf- oder abgerundet

1) GA-Mittel einschließlich Verpflichtungsermächtigungen und Investitionszulagen gemäß Rahmenplan

2) Im Zuständigkeitsbereich von I C 2

3) Es konnte vorerst nur die Höhe der Frachthilfen ermittelt werden

IST - Zustand und Veränderungsmöglichkeit

Im weiteren wurde die Frage nach s p e z i e l l e n L a n d e s r e g e l u n g e n bei der Fördermittelvergabe gestellt. Mit dieser Frage wurde Auskunft über Ziel-, Mittel- und Verfahrenspräzisierungen angestrebt, die über die Festlegungen im Planungsausschuß hinausgehen. Solche Festlegungen würden ggf. spezielle Kontrollnotwendigkeiten mit sich bringen.

Spezielle Bedingungen für die Gewährung von Investitionszuschüssen werden sowohl hinsichtlich der strukturellen und sektoralen Voraussetzungen als auch der Antrags- und Kontrollvoraussetzungen aufgestellt. Aus den uns übermittelten Unterlagen sind ohne Anspruch auf juristisch korrekte und vollständige Wiedergabe folgende Hinweise zu entnehmen:

B a d e n - W ü r t t e m b e r g :

Können und Eignung der Unternehmensleitung, Rücksicht auf Vertriebene, unterschiedliche Antragswege je nach Höhe und Zweck der Zuschüsse, kommunale Infrastrukturförderung von Finanzkraft, Aufgaben, Zentralörtlichkeit und Stellung im kommunalen Finanzausgleich abhängig.

B a y e r n :

Gebietsangaben bei Gewerbe, Prüfung der Zielerreichung früherer Fördermittel vorgesehen, Zielangaben bei Industrieansiedlungen (sinnvolle agrargewerbliche Mischstruktur) und Zielangaben bei Fremdenverkehrsbetrieben (internationaler Leistungsstandard), Bettenzahlerhöhung und Speisewirtschaften nur bei Bedarf, Ausschluß spezieller Bauvorhaben bei Beherbergung, kurzfristige Realisierbarkeit nach Antrag, unterschiedliche Antragswege nach Förderhöhe, Detailfragen zum Antragsbogen, Abstimmungsvoraussetzungen mit Planungs-, Aufsichts- und Technik-Behörden, besondere Bewirtschaftungsgrundsätze und Verwendungsnachweise, Befristung der Abrufmöglichkeit von Mitteln.

H e s s e n :

Laut mündlicher Auskunft - Vorzugswürdigkeit von Gewerbeprojekten nach Sektorenverteilung im Bundesdurchschnitt, Unterwerfung der Antragsteller unter die Überwachung und Überprüfung durch das Land, Ermächtigung zu Finanzamts- und Steuerektenauskünften, Monatsfrist für Mittelinanspruchnahme, ergänzende Antragsangaben bei Gewerbebetrieben mit Firmendetails und Erklärung über die Freigabe statistischer Erhebungsdaten über die Erfolgskontrolle.

R h e i n l a n d - P f a l z :

Sektorale Kriterien für Schuhindustrie, spezielle Grundsätze zur Stärkung der Wettbewerbsfähigkeit, Aufforderung zur Einreichung zusätzlicher Unternehmensunterlagen.

S c h l e s w i g - H o l s t e i n :

Spezielle Voraussetzungen für den Bedarf und die Technik beim Ausbau der Regionalflughäfen und Verkehrslandeplätze.

Diese sicher nicht vollständige Zusammenstellung bestätigt die im 3. Kapitel unter 2. gegebene Interpretation, daß die Länder die Ziele der Förderung, auf ihre spezielle Situation bezogen, weiter präzisieren. Hinzuweisen ist auch auf die unterschiedliche Strenge der Vergabe und der Auskunfts-Voraussetzungen, die den gegenwärtigen Umfang möglicher Kontrollprozesse erkennen lassen.

Aufgrund der Frage nach den K a p a z i t ä t e n , die in der regionalen Wirtschaftsförderung eingesetzt sind, sollten erste Hinweise auf den möglichen Umfang und die organisatorische Zuordnung von Kontrollprozessen gewonnen werden.

Die Antworten brachten folgendes Ergebnis:
- Es wurden teils mehr und teils weniger Institutionen genannt als zur Organisation und Mittelvergabe angeführt.
- Einige Länder konnten den erfragten Prozentsatz des Arbeitseinsatzes bei Teilbeschäftigten nicht angeben.
- Wegen der unterschiedlichen Aufgabenverteilung sind die Angaben für verbindliche Feststellungen nicht verwendbar.

Um dennoch einige Schlüsse ziehen zu können, wurden zu-

IST - Zustand und Veränderungsmöglichkeiten

nächst alle Angaben über teilzeitlich tätige Personen vernachlässigt (Person = 100% der Arbeitszeit).

Auf dieser Basis ist festzustellen, daß ein Land einschließlich der D u r c h f ü h r u n g der Fördermaßnahmen über 100 für die regionale Wirtschaftsförderung tätige Personen ausweist. Weiter kann vermutet werden, daß die Ministerialverwaltung mit Werten zwischen 7 und 26 tätigen Personen nur über begrenzte Kapazitäten verfügt.

Die Kapazitätsangaben für die im Bund direkt mit der regionalen Wirtschaftsförderung betrauten Personen wurden durch Anfrage beim BAW und aus einer GFS - Studie[1] gewonnen.

Lediglich zur Information wird nachfolgend die Übersicht über die Antworten gegeben, die den Fragebögen (ohne die teilweise vorhandenen Prozentwerte) entnommen wurden:

---

[1] Vgl. Andreas Jentzsch und Edgar Randel: Material zum Organisationssystem "Regionale Wirtschaftspolitik", BAköV 21 - GFS 73, Nr. 60 002, S. 3ff.

50   3. Kap.: Begriff und IST-Zustand

DIE VON BUND UND LÄNDERN IN DER REGIONALEN WIRTSCHAFTSFÖRDERUNG EINGESETZTEN PERSONEN - unabgestimmte, unverbindliche Fassung

BMWi 01 - GFS 74
ABB. NR. 5

	Verbände, Empfänger	Kreditgemeinschaften	Gemeindeämter	Landkreise, kreisfr. Städte	IHK, HK	Hausbanken	Wirtsch. Prüfer, Steu. Ber., Kredit- u. Planungsausschüsse	Wirtschaftsförderungsges., Aufbauanst., Landesbanken	Regierungsbezirk	Arbeitsämter	Finanzämter	Interminist. Ausschüsse	Senator o. Minister f. Wi.	Sonst. Senate o. Minister	Statistische Landesämter	Statistisches Bundesamt
Baden-Württemberg							O		O				26			
Bayern			1					50	53				26			
Bremen													11			
Hessen								35	5	O		O	7			
Niedersachsen				O			O	O	41				12			
Nordrhein-Westf.					O		O	O	33	O			18			
Rheinland-Pfalz					13			O	11				14			
Saarland								1					10			
Schleswig-Holstein				20	9		O	12		O	O	O	10			
Bund, im BMWi und BAW								23		O	O	,1)	13	6,55		

Zahlen = Personen, teilzeitlich oder ganztägig
O = Institutionen, die in Begleitunterlagen erwähnt werden, und für die bisher Kapazitätsangaben nicht vorliegen

1) Enthalten in 6, 55

IST - Zustand und Veränderungsmöglichkeiten

Mit der Abschlußfrage zur Organisation wurden die K o o r d i n a t i o n s b e z i e h u n g e n zur Landesplanung und zur Gemeinschaftsaufgabe "Verbesserung der Agrarstruktur und des Küstenschutzes" ermittelt.

Im Bund erfolgt diese Koordination durch die wechselseitige Vertretung in interministeriellen Ausschüssen (IMNOS = Interministerieller Ausschuß für die regionale Wirtschaftspolitik, IMARO = Interministerieller Ausschuß für Raumordnung, interministerieller Ausschuß der Haushalts- und Koordinierungsreferenten (für Agrarprogramme) und MKRO = Ministerkonferenz für Raumordnung). Außerdem können im Planungsausschuß und im Unterausschuß Vertreter der erwähnten Ressorts mitwirken.

In den Bundesländern erfolgt die Koordination der Regionalförderung und der Landesplanung stets f o r m a l durch

- die gemeinsame Planungsbasis (Landesentwicklungsprogramm) in Rheinland-Pfalz,
- interministerielle Ausschüsse, Kommissionen und Arbeitsgruppen in Baden-Württemberg, Bremen, Hessen, Schleswig-Holstein und (auf Landesebene) im Saarland,
- Beteiligung bei der Rahmenplanung und Mittelvergabe in Niedersachsen und Nordrhein-Westfalen (dort auch Räume und Präferenzen) und durch
- Referatskooperation in Bayern.

Bis auf ein Land (Nordrhein-Westfalen) ist die Regionalförderung auch mit der Gemeinschaftsaufgabe "Agrarstruktur und Küstenschutz" formal koordiniert durch

- gemeinsame Federführung in einem Hause in Bremen und im Saarland,
- gemeinsame Arbeitsgruppen in Schleswig-Holstein,
- Beteiligung bei der Rahmenplanung und Mittelvergabe in Niedersachsen,
- Mitteilungen der Planungsergebnisse in Bayern und Rheinland-Pfalz (hier Kooperation bei Großprojekten),
- Einzelabstimmung zwischen den Behörden in Hessen, sowie
- den Interministeriellen Ausschuß für Landesplanung und Regionalförderung in Baden-Württemberg.

Zusammenfassend ist die Kooperation als unterschiedlich, aber so ausgeprägt zu bezeichnen, daß die Informationsbeziehungen für die Mitteilung von Kontrolldaten als vorhanden angesehen werden können.

3. Gegenwärtige Durchführung der Erfolgskontrollen

Im Rahmen der Fragebogenaktion wurden als Gegenstände der Kontrolle Ziele, Mittel, Prämissen und Verfahren vorgegeben.

Damit blieben die Kontrollprozesse im weiteren Sinne von der Fragestellung her unberücksichtigt, die letztlich die Anpassungen des Förderkonzeptes in der Vergangenheit bewirkten.

Ziel der Fragen war es, explizite und im Sinne der eingangs gegebenen Begriffsbestimmungen erkennbare Kontrollprozesse zu ermitteln. Diese Angaben sollten sowohl einer Bestandsaufnahme praktizierter Lösungen als auch einer Beurteilung des Änderungsspielraumes dienen.

Mit der ersten Frage nach den G e g e n s t ä n d e n und den A r t e n der Kontrollen wurde ein Überblick über die eigene Beurteilung der jeweils durchführenden Stellen angestrebt.

ÜBERSICHT ÜBER GEGENSTÄNDE UND ART DER KONTROLLEN
IN BUND UND LÄNDERN nach unabgestimmten Fragebogenangaben

BMWi 01 - GFS 74, ABB. NR. 6

GEGENSTÄNDE	ZIELE			MITTEL			PRÄMISSEN			VERFAHREN			BEMERKUNGEN
	informal	qualitativ	quantitativ¹⁾	informal	qualitativ	quantitativ	informal	qualitativ	quantitativ	informal	qualitativ	quantitativ	
Bund		x									x		
Baden-Württemberg			x	x						x			
Bayern		x	x			x		x		x	x	x	
Bremen			x			x		x			x		
Hessen			x		x	x			x		x	x	
Niedersachsen				x	x		x						
Nordrhein-Westfalen	x			x		x	x			x			
Rheinland-Pfalz		x	x		x	x	x	x	x	x	x		
Saarland	x	x	x		x	x	x	x	x	x	x	x	
Schleswig-Holstein	+	++						x	x		x		+ global ++ im Einzelfall

1) Im Fragebogen: formal

Zur tabellarischen Darstellung der Antworten ist auf die bereits erwähnten Interpretationsunterschiede der Fragestellungen hinzuweisen, die auch schon bei anderen Fragen erkennbar wurden.

Bemerkenswert ist, daß zu jedem Kontrollgegenstand mehrere Länder die Existenz quantitativer Kontrollen nennen, während für den Bund insgesamt lediglich hinsichtlich der Mittel im strengen Sinne quantitative Kontrollprozesse angeführt werden.

Ebenso zu beachten ist die V i e l z a h l angegebener Statistiken und Kontrollprozesse, die von Bund und Ländern durchgeführt werden. Dabei lassen die Nennungen in den Fragebögen auch hier vermuten, daß eine genauere Analyse der durchgeführten Arbeitsprozesse zu einer Ergänzung der nachfolgenden Liste führen würde:

- Spezielle Strukturberichte in Bund und Ländern für die Parlamente und die Öffentlichkeit.
- Gemeinsame Ermittlung der Rangordnung der förderungswürdigen Arbeitsmarktregionen durch Bund und Länder.
- BAW-Antragsstatistiken in unterschiedlichsten Gliederungen für Bund und Länder.
- BAW-Bewilligungsstatistiken.
- BAW-Mittelabrufstatistiken.
- BAW-Rückzahlungsstatistiken von Mitteln.
- Vorhabenbezogene Verwendungsnachweise und Verwendungsnachweisprüfungen.
- Spezielle statistische Zusammenfassungen von Fördergebietsdaten.
- Kostenträgerrechnungen zur Ermittlung des Verwaltungsaufwandes.
- Gegenüberstellungen von SOLL-Mittelansätzen und Bewilligungen.
- Sondergutachten zur Wirkungsanalyse (Mittel- und Prämissenkontrolle).

- Betriebsweise Erfassung von Förderdaten mit und ohne EDV und mit und ohne Spezialauswertungen der statistischen Landesämter.
- Übernahme von EDV-Daten aus der Industriestatistik.
- Kreisweise Gegenüberstellung im Antrag ausgewiesener und tatsächlich geschaffener Arbeitsplätze.
- Übersichten über die Ansiedlungsfälle mit den geplanten und bestehenden Arbeitsplätzen.
- Spezielle Zusammenstellung von Kennziffern zu den regionalen Aktionsprogrammen im Rahmenplan und durch Spezialzusammenstellungen in den Ländern.
- BAW-Zusammenstellung sonstiger Fördermittel im Rahmen der GA-Mittelvergabe.
- BAW-Zusammenstellung der Widersprüche gegen die Entscheidungen im Bewilligungsverfahren.

Im einzelnen sind Art und Umfang der Kontrollbemühungen in den Ländern als sehr unterschiedlich zu bezeichnen. Andererseits sind in den genannten Ansätzen fast sämtliche vorstellbaren Regelungen zur Erfolgskontrolle enthalten oder angesprochen.

Hinzuweisen ist auf die Arbeitsgestaltung zwischen Bund und Ländern und die entsprechend erfolgte unterschiedliche Schwerpunktsetzung bei der Bewertung der Kontrollinformation: Während bei den Ländern die Kontrolle der Bewilligungsvoraussetzungen, des Mitteleinsatzes und auch der tatsächlichen Förderergebnisse für den Einzelbetrieb im Mittelpunkt des Interesses steht, sind für andere Länder und insbesondere den Bund die Erreichung der angestrebten SOLL-Zahlen - vor allem im Bereich der Arbeitsplätze - von primärem Interesse.

Die Verteilung der Kontrollprozesse auf die verschiedenen Gegenstände der Kontrolle (Zielerreichung, Mittel, Prämissen und Verfahren) geht aus nachfolgenden Ausführungen hervor.

Viertes Kapitel

KONZEPTIONELLE BASIS EINES ZU ENTWICKELNDEN
KONTROLLSYSTEMS

1. Grundlage und Verwendungsmöglichkeiten der Vorschläge

Eine dezidierte Behandlung von Organisationsfragen der Erfolgskontrolle setzt die Bestimmung von Indikatoren und die Analyse der dafür möglichen Datenbeschaffung voraus.

Zwischen den Gutachtern und mit dem Unterausschuß der Gemeinschaftsaufgabe "Verbesserung der regionalen Wirtschaftsstruktur" konnte insoweit Übereinstimmung erzielt werden, als die Notwendigkeit zentraler Zielerreichungsindikatoren festgestellt wurde. Abweichende Auffassungen bestanden über die Ausgestaltung der Erfolgskriterien im einzelnen sowie über den Umfang forderbarer Veränderungen der Bereitstellung des statistischen Datenmaterials.

Die Analysen zum IST-Zustand der Erfolgskontrolle ließen erkennen, daß die praktizierten Kontrollen und die Ansichten einzelner Länder und auch des Bundes hinsichtlich spezieller Erfolgsfeststellungen sehr konkret sind.

Ein System von Erfolgskriterien und Kontrolldaten sollte daher den zukünftigen Anforderungen entsprechen, wie sie zum Zeitpunkt einer möglichen Realisierung eines endgültigen Erfolgskontrollkonzeptes gestellt werden. Diesen Überlegungen Rechnung tragend, streben die folgenden Vorschläge keinen hohen Differenzierungsgrad bezüglich der Konkretisierung möglicher Kriterien und Kontrolldaten an.

Zielsetzung der nachstehenden Vorschläge ist vielmehr die

Schaffung einer breiten Grundlage von Konzeptionen für ein zu entwickelndes Erfolgskontrollsystem, dessen Ausgestaltung letztlich nach dem Informationsbedarf der Vertreter der Gemeinschaftsaufgabe bestimmt werden muß.

Die Erfolgskriterien und Kontrolldaten sind somit als Bausteine eines möglichen Systems zu sehen, das auf unterschiedliche Weise durch den beschriebenen stufenweisen Entwicklungsprozeß erreicht werden kann.

2. Gegenstand und Techniken der Erfolgskontrolle

Ein System der Erfolgskontrolle dient dem politisch-administrativen Management zur Verbesserung der Zielerreichung, indem die Voraussetzungen für die Abweichungsanalyse geschaffen werden. "Abweichungsanalyse" bedeutet in diesem Zusammenhang eine Aufdeckung von Gründen oder Ursachen dafür, warum mit den eingesetzten Ressourcen (Mitteln) angestrebte Ergebnisse nicht oder nicht in der erwarteten Art und Weise erreicht werden konnten.

Ausgangsbasis jeder Ursachen- oder Begründungserkenntnis für Abweichungen sind zwei verschiedene Informationen. Einerseits muß bekannt sein, ob und wie die gesteckten Ziele insgesamt oder in den jeweils festgelegten Etappenzielen (Meilensteinen) erreicht wurden. Andererseits muß auch bekannt sein, ob die Bedingungen für die Zielerreichung, die als erforderlich angesehen wurden, auch tatsächlich vorgelegen haben.

Die erste Art von Informationen besteht somit darin, festzustellen, welche Ziele eigentlich angestrebt wurden und wie ein vorgefundenes IST zu einem vorgesehenen SOLL steht. Die zweite Art von Informationen beinhaltet dagegen Aufgaben über die Voraussetzungen, vor allem verfahrensmäßiger und situativer Art. Zu diesen zweiten Informationen zählen je nach Kontrollobjekt im Detail unterschiedliche Aspekte. Eine generelle Klassifizierung wird hier mit den Kategorien "Mittel", "Prämissen" und "Verfahren" vorgeschlagen.

Die Kategorie "Mittel" soll dabei die selbständige Kontrolle der zur unmittelbaren Wirkung eingesetzten Aktivitäten, Aktionen oder Maßnahmen umfassen. Die Kategorie "Prämissen" soll die Annahmen darüber zusammenfassen, welche Entwicklungs - tendenzen insgesamt den Maßnahmen zugrunde gelegt werden und welche Annahmen oder Modellvorstellungen über die Wirkungsweise von Maßnahmen ihren Einsatz begründen. Mit der Kategorie "Verfahren" wird schließlich die Organisation oder der verwaltungsmäßige Arbeitsablauf angesprochen, dessen zweckmäßige Struktur und materielle Funktionsfähigkeit unbestritten zum richtigen Maßnahmeneinsatz erforderlich ist. Insgesamt werden mit allen vier angegebenen Kategorien der Kontrolle gleichzeitig Teilbereiche eines insgesamt angewandten Förderkonzeptes beschrieben.

Die möglichen Abweichungen können alle Teilbereiche des Förderkonzeptes betreffen, die dann unterschiedliche Gegenstände der Kontrolle bilden. Zusammengefaßt sind dies noch einmal:

- Die Ziele oder Ergebnisse, die mit den Mitteln der regionalen Wirtschaftsförderung erreicht werden sollen (Zielerreichungskontrolle),
- die Finanz - und Sachmittelinanspruchnahme (Mittelkontrolle),
- die Prämissen oder Annahmen, auf denen das Förderkonzept, insbesondere die Wahl der alternativen Mittel, beruht (Prämissenkontrolle),
- die praktizierten Arbeitsabläufe der Förderung als Gegenstand der Gestaltung und Steuerung (Verfahrenskontrolle).

Der Zusammenhang zwischen den Teilbereichen des Förderkonzeptes ist wie folgt zu sehen: Aufgrund umrissener politischer Z i e l e können die regional angestrebten Strukturzustände oder - veränderungen beschrieben werden. Zur Erreichung die -

ser Zustände oder Veränderungen werden M i t t e l (Geld-, Sach- und Dienstleistungen) bereitgestellt, die je nach Art und Umfang der Abweichung eingesetzt werden.

Die Auswahl und der Einsatz der Mittel erfolgt nach V e r - f a h r e n s r e g e l n. Dabei ist die Zuordnung der Mittel und auch die Auswahl und Anwendung von Verfahrensweisen wiederum auf Annahmen (Prämissen) über deren Wirkungsweise begründet. Diese Annahmen beziehen sich dabei einerseits auf Interpretationen des IST-Zustandes und die voraussichtliche Entwicklung künftiger Zustände. Andererseits beziehen sie sich auf Wirkungen, die durch den Einsatz der unterschiedlichen Mittel und Verfahren erzielt werden können. Die Änderung der Prämissen berührt das gesamte Förderkonzept. Ihre Kontrolle ist daher von besonderer Bedeutung.

Allgemein muß zu den Gegenständen der Kontrolle gefordert werden:

- Das Kontrollsystem muß dem jeweiligen Förderkonzept entsprechen.

Die Technik der Erfolgskontrolle wird im einzelnen so angewandt, daß kontrollfähige SOLL - Werte für die einzelnen Gegenstände der Kontrolle formuliert werden (Erfolgskriterien). Sie bezeichnen möglichst genau die Zustände, an denen oder mit deren Hilfe die Erreichung von Zielen gemessen werden kann. Die Bezeichnungen "Indikatoren" oder "Teilziele" werden hier synonym verwendet.

Ob die angestrebten SOLL-Werte erreicht werden oder nicht, wird aus regelmäßig speziell zu ermittelnden Daten erkennbar, deren Beschaffung organisiert werden muß (Kontrolldaten). Dies sind Informationsmaterialien (z.B. Statistiken, Berichte usw.), die letztlich nur durch besondere Arbeitsprozesse zu gewinnende Daten enthalten, aus denen die Erfüllung der Erfolgskriterien hervorgeht.

Für jeden genannten Kontrollbereich sind Erfolgskriterien und Kontrolldaten zu benennen, die für sich folgende Anforderungen erfüllen müssen:

- Erfolgskriterien müssen repräsentativ für die jeweiligen Ziele sein (Repräsentativität),

- Erfolgskriterien sollen zu möglichst eindeutigen Meßgrößen führen (Operationalität),

- Kontrolldaten müssen so rechtzeitig vorliegen, daß die angestrebten Steuerungszwecke erfüllt werden können (Rechtzeitigkeit),

- Kontrolldaten können nur im Rahmen der politischen und ökonomischen Vertretbarkeit angefordert werden (Kosten-Nutzen-Relation),

- Erfolgskriterien und Kontrolldaten sollen so gewählt werden, daß die Kontrollprozesse selbst praktikabel sind (Praktikabilität des Verfahrens).

Die Erfüllbarkeit dieser Anforderungen stößt nun im Politikbereich der regionalen Wirtschaftsförderung auf besondere Schwierigkeiten. Diese Schwierigkeiten ergeben sich erstens aus der Tatsache, daß die Zeitspanne zwischen dem Maßnahmeneinsatz und der IST-Zielerreichung i.d.R. mehrere Jahre umfaßt. Die Erfolgskontrolle kann sich daher nicht oder zumindest nicht allein auf Endergebnisse erstrecken: Es müssen Indikatoren und Kontrolldaten verwendet werden, die die Projektion der Endergebnisse in einem Zwischenstadium gestatten oder die als Ersatzindikatoren für die Endergebnisse derart gewählt sind, daß für diese Indikatoren Kontrolldaten früher verfügbar sind. Eine zweite zentrale Schwierigkeit besteht darin, daß Kontrollen ohne SOLL-Werte unmöglich sind. Jedes differenzierte Kontrollkonzept erzwingt daher die Äußerung von SOLL-Werten in ebenfalls differenzierter Form. Das föderative System der Bundesrepublik Deutschland und die geltenden Grundsätze sozialer Marktwirtschaft erfordern für die Artikulation solcher SOLL-Werte komplexe und letztlich dezentralisierte Verfahren.

In dieser Untersuchung wird auf die erste Schwierigkeit (die zeitliche Problematik der Erfolgskontrolle) dezidiert eingegangen. Hinsichtlich des zweiten Aspektes (den Bestimmungsprozeß der SOLL-Werte) konnten wir lediglich einige interne Basisüberlegungen anstellen, die unseren Vorschlägen zugrunde liegen. Diese Basisüberlegungen lassen sich in folgenden Hinweisen zusammenfassen:

- SOLL-Werte sind situationsbezogene, letztlich technisch notwendige Richtgrößen, deren Veränderbarkeit unterstellt wird.
- Die SOLL- und IST-Werte sind abgestuft als Fördergebiets-, Landes- und Gemeinschaftsaufgabenwerte definierbar. Hieraus folgen unterschiedliche Gestaltungsmöglichkeiten der Mittel- und Maßnahmenauswahl. Die Kombination dezentraler SOLL-Werte und gemeinschaftlich nach einheitlichen Kriterien zugeordneter Maßnahmen (und damit Mittel) bleibt möglich.

Insgesamt gestattet das von uns vorgeschlagene System, die häufig getrennten Systembereiche der Zielsetzung, der Wirkungszusammenhänge zwischen Zielen und Maßnahmen einerseits und der praktischen Durchführung der administrativen Arbeitsprozesse andererseits so zu verknüpfen, daß auf bestehende Abhängigkeiten zwangsläufig hingewiesen wird.

Nachfolgend werden im einzelnen für die Kategorien oder Bereiche des Förderkonzeptes Indikatoren und Kontrolldaten entwickelt und beschrieben.

Fünftes Kapitel

INDIKATOREN UND KONTROLLDATEN ZUR ZIELERREICHUNG

1. Anzustrebende Ausgestaltung der Zielerreichungskontrolle

Wesentliche Voraussetzung zur Erfolgskontrolle sind von den bei der Durchführung der Gemeinschaftsaufgabe Beteiligten durch die intensive Beschäftigung mit den Zielen[1] der regi-

---

1) Vgl. hierzu Rainer Thoss und Marita Börgel: Untersuchung über die Eignung des regionalen Einkommensniveaus als Zielgröße der regionalen Wirtschaftspolitik, Münster, November 1973;

P. Klemmer, B. Knop, D. Kraemer: Abgrenzung regionaler Arbeitsmärkte in der BRD für die Zwecke der Gemeinschaftsaufgabe "Verbesserung der regionalen Wirtschaftsstruktur", Bochum 1973;

Deutsches Institut für Wirtschaftsforschung: Arbeitsplatzentwicklung und Lohnniveau in Arbeitsmarktregionen der BRD, Berlin im Mai 1973, Gutachten im Auftrage des Bundesministers für Wirtschaft;

Peter Thelen: Die Ermittlung von Fördergebieten auf der Grundlage von Prognosen regionaler Arbeitsmarktbilanzen für das Jahr 1977, Gutachten des Forschungsinstituts der Friedrich - Ebert - Stiftung im Auftrag des Planungsausschusses der Gemeinschaftsaufgabe "Verbesserung der regionalen Wirtschaftsstruktur", erteilt vom Minister für Wirtschaft, Mittelstand und Verkehr des Landes Nordrhein-Westfalen, Bonn - Bad Godesberg, Mai 1972;

Dieter Biehl u.a. : Infrastruktur, räumliche Verdichtung und sektorale Wirtschaftsstruktur als Bestimmungsgründe des regionalen Entwicklungspotentials in den Arbeitsmarktregionen (AMR) der BRD, Endbericht zu einem Forschungsauftrag des Landes Schleswig - Holstein, Kiel, im Juli 1974;

Hans-Joachim Klein: Möglichkeit und Grenzen einer operationalen Erfolgskontrolle bei der Investitionsförderung von gewerblichen Produktionsbetrieben im Rahmen der regionalen Wirtschaftspolitik, Dissertation, Darmstadt 1972.

onalen Strukturpolitik und die damit zusammenhängende Neuabgrenzung geschaffen worden. Es existiert bis heute zwar entgegen theoretischen Forderungen für die regionale Wirtschaftsförderung kein verbindlich verabschiedetes Zielsystem, jedoch führen die verschiedenen Vorschläge einzelner Autoren zu sehr weitgehenden Übereinstimmungen[1].

Auch aus Entwicklungen der letzten Jahre, Gesetzesformulierungen und Planungsaussagen ist ein ziemlich konsistenter Zielzusammenhang erkennbar:

Die Ansiedlung der meisten Wirtschaftsförderungsmaßnahmen in den Wirtschaftsressorts von Bund und Ländern bedingt eine Einordnung der Fördermaßnahmen in die wirtschaftspolitischen Oberziele (Wachstum, Vollbeschäftigung, Preisniveaustabilität und außenwirtschaftliches Gleichgewicht), welche auch mit anderen verfassungsmäßigen Oberzielen wie z.B. mit der Forderung nach der Einheitlichkeit der Lebensverhältnisse nach Art. 72 Abs. 2 Nr. 3 GG verbunden sein können. Es bestehen auch gesetzlich festgelegte Zielzusammenhänge der regionalen Wirtschaftsförderung mit der Raumordnung und Landesplanung[2] und gesamtdeutschen sowie EG-Belangen[3]. Hierdurch werden die Zielzusammenhänge derart hergestellt, daß die Ziele der Raumordnung und Landesplanung mit denen der regionalen Wirtschaftspolitik abgestimmt sein sollen.

Ausgehend von den genannten Oberzielen werden regionalpolitische Modifizierungen vorgenommen. Diese beinhalten nach THOSS und BÖRGEL[4] die regionalen Implikationen des Gerechtigkeits-, Stabilitäts- und des gesamtwirtschaftlichen Wachstumszieles, von denen dann differenziertere Äußerungen bis hin zu den Kriterien als Teilziele interpretiert werden. Die

---

1) Vgl. Andreas Jentzsch: Material zum Planungsprozeß und zu den Zielsystemen der "regionalen Wirtschaftspolitik", Gutachten im Auftrage der Bundesakademie für öffentliche Verwaltung, BAköV 21 - GFS 73, Nr. 60 003, S. 3 und S. 18.
2) Vgl. § 2 (1) GRW und § 1 (2) InvZuLG vom 18. 8. 1969, BGBl. I, S. 1211.
3) Vgl. § 2 (1) GRW.
4) Rainer Thoss und Marita Börgel, a.a.O., S. 17ff.

5. Kap.: Zur Zielerreichung

regionale Differenzierung dieser Ziele kann darin gesehen werden, daß die Länder und die von ihnen am Entscheidungsprozeß beteiligten Stellen jeweils über differenzierte strukturelle Vorstellungen verfügen müssen, die die Auswahlentscheidung bei der Vergabe der Fördermittel lenken, durch die regional ausgeglichene, dauerhafte Strukturverhältnisse erreicht werden sollen.

Hierbei sind folgende Teilziele zu beachten[1]:

- Die Wirtschaftskraft einzelner Regionen soll nicht erheblich unter dem Bundesdurchschnitt liegen.
- Die Struktur der Wirtschaftszweige der Regionen muß als zukunftssicher anzusehen sein.
- Die Einheitlichkeit der Lebensbedingungen in der BRD muß gewährleistet werden.

Alle Ziele bestehen in Aussagen über Zustände in Regionen, die Durchschnitts- oder SOLL-Werten anzupassen sind. Diese SOLL-Werte sind - abgesehen von der Einheitlichkeit der Lebensverhältnisse in der BRD - sowohl als SOLL-Werte auf der Ebene des Bundes, als auch als länder- oder regionsspezifische SOLL-Werte denkbar. Hieraus ergibt sich eine wesentliche Aufgabe für die Differenzierung der Erfolgskriterien: Es müßte bestimmt werden, welche SOLL-Werte jeweils zugrunde zu legen sind.

Zur Behebung der SOLL-IST-Abweichungen werden als Mittel weitere Teilziele angegeben, die z.B. bei der Aufstellung neuer Rahmenpläne näher quantifiziert werden:

- Schaffung neuer Arbeitsplätze in förderungswürdigen Gebieten.
- Sicherung bestehender Arbeitsplätze in förderungswürdigen Gebieten.
- Ausbau der Infrastruktur in förderungswürdigen Gebieten.

Für die Gemeinschaftsaufgabe sind die genannten Ziele noch dadurch präzisiert worden, daß im Rahmen der Neuabgrenzung

---

1) Vgl. § 1 (2) GRW.

der Fördergebiete die Abgrenzungskriterien detailliert festgelegt wurden[1]:

Als Abgrenzungskriterien wurden gewählt:

Der Arbeitskräftereservequotient (ARQ), welcher

- die entwicklungsbedingte Nachfrage von 43 Wirtschaftsbereichen,
- die Entwicklung der Bevölkerung einschl. der Erwerbsquote und speziell der Frauenerwerbsquote und
- die Verteilung inländischer Arbeitnehmer

berücksichtigt;

das Einkommen, welches alternativ durch

- Lohnsumme je Arbeitnehmer,
- Bruttoinlandsprodukt je Beschäftigten und
- Bruttoinlandsprodukt je Kopf der Wirtschaftsbevölkerung (BIP / WIB)

gemessen werden kann;

die physische Ausstattung der Infrastruktur, welche

- das Straßen-, Eisenbahn- und Elektronetz,
- das Gasversorgungspotential,
- Schul- und Studienplätze,
- Krankenhausbetten und
- Zahl der Wohnungen mit Bad, WC und Sammelheizung

einbezieht.

Das Bundesgebiet ist von Klemmer[2] mit Hilfe einer normativen Festlegung der maximalen Pendlerzeit (1/2 Pkw-Stunde) und

---

[1] Vgl. Deutscher Bundestag, 7. Wahlperiode, 4. Rahmenplan der Gemeinschaftsaufgabe "Verbesserung der regionalen Wirtschaftsstruktur" für den Zeitraum 1975 - 1978, Drucksache 7/3601, S. 5ff.
[2] Vgl. P. Klemmer, B. Knop und D. Kraemer, a.a.O.

5. Kap.: Zur Zielerreichung

der Bestimmung des Arbeitsmarktzentrums mittels einer Dichtekennziffer gemeindescharf in Arbeitsmarktregionen eingeteilt worden.

Innerhalb der als Fördergebiet anerkannten Klemmer-Regionen werden die Schwerpunktorte, die eine Mindesteinwohnerzahl von 20 000 im Einzugsbereich nicht unterschreiten sollen, ausgewählt. Die Bemessung der Gesamtzahl der Schwerpunkte pro Land soll i.d.R. so vorgenommen werden, daß eine Einwohnerzahl von 60 000 im Einzugsgebiet erreicht wird.

Betrachtet man die im Rahmen der Neuabgrenzung angewandten Indikatoren, so sind folgende künftige Zielabweichungen unberücksichtigt:

- Eine kurzfristige regionale Veränderung der Beschäftigtensituation wird nur berücksichtigt, wenn der Arbeitskräftereservequotient neu berechnet wird,
- ebenso führen Binnenwanderungen zu erheblichen Veränderungen der Situation,
- die Förderung von Überkapazitäten einzelner Sektoren (bezogen auf die In- und Auslandsnachfrage) kann nicht ausgeschlossen werden,
- die verwendeten Einkommenswerte lassen die Einkommensverteilung unberücksichtigt und sind zu alt (theoretisch müßten prognostizierte Einkommenswerte verwendet werden)[1],
- bei der Infrastruktur wird auf ein technisches Ausstattungsmaß abgestellt und nicht auf einen gegenüber weiterentwickelten SOLL - Vorstellungen bestehenden Rückstand (d.h. auch Überausstattungen der Infrastruktur könnten gefördert werden) und
- es wird nicht deutlich, ob die von den Investoren durch den Fördermitteleinsatz als erreichbar angegebenen Ziele (z.B. Arbeitsplätze) tatsächlich erreicht wurden.

Beim Vorschlag möglicher Erfolgskriterien für die Zielerreichung ist zu berücksichtigen, daß die Beschaffung der er-

---

1) Vgl. hierzu Hans Friderichs, a.a.O., S.39.

forderlichen Kontrolldaten z. T. erhebliche statistische Schwierigkeiten bereitet und durch aufwendige Verarbeitungsprozesse gekennzeichnet ist. Da die Aktualität der Daten wegen der Mehrjährigkeit von Förderwirkungen als bedeutsam anzusehen ist und künftig eine höhere Flexibilität des Förderkonzeptes gewünscht werden könnte, muß zwischen der Forderung nach Genauigkeit und Schnelligkeit der Information unterschieden werden.

Es ist daher notwendig, neben Kriterien mit relativ spät vorliegenden Kontrolldaten gleichzeitig solche zu fordern, die vorläufige, aber dafür aktuellere Angaben über die angestrebte Zielerreichung liefern.

Für die Zielerreichung werden insgesamt neun Erfolgskriterien vorgeschlagen, von denen drei als kurzfristige Indikatoren (KI) angesehen werden:
- Arbeitskräftereservequotient,
- durchschnittliche Arbeitslosenquote (KI),
- SOLL-IST-Abweichung des Binnenwanderungssaldos (KI),
- SOLL-IST-Differenz der sektoralen Ausstattung der Wirtschaftsstruktur,
- SOLL-IST-Abweichung geplanter und geschaffener Arbeitsplätze,
- SOLL-IST-Abweichung der Löhne und Gehälter pro Beschäftigten (KI),
- SOLL-IST-Abweichung der Einkommen pro Beschäftigten,
- SOLL-IST-Abweichung der Einkommensverteilung,
- SOLL-IST-Abweichung der Infrastrukturausstattung.

Unter den angegebenen Erfolgskriterien ist die "SOLL - IST-Differenz der sektoralen Ausstattung der Wirtschaftsstruktur" erläuterungsbedürftig. Mit diesem Kriterium soll kontrolliert werden, inwieweit die sektorale Aufgliederung der Wirtschaftsstruktur den Zielvorstellungen von Bund und Ländern und der dabei erforderlichen Ausgewogenheit entspricht. Es ist nicht daran gedacht, über derartige Beschreibungen Instrumente zur Lenkung unternehmerischer Entscheidungen zu entwickeln, sondern lediglich daran, den Fehleinsatz von Fördermitteln zu verhindern. Hierbei ist zwischen den Zielvorstellungen der einzelnen Länder und denen der Gemeinschaftsaufgabe zu unterscheiden: Während in den einzelnen Ländern bezüglich der regional für unvertretbar gehaltenen Entwicklungen dezidierte Aussagen über die Förderungswürdigkeit einzelner Sektoren die gewünschte SOLL-Aussage abgeben, muß im Rahmen der Gemeinschaftsaufgabe, d. h. im Bundesgebiet, sichergestellt werden, daß der Aufbau von Kapazitäten vermieden wird, für die die in- und ausländische Nachfrage keine Basis abgeben.[1]

2. IST-Zustand

Durch die Einbeziehung der Arbeitsplätze, des Einkommens und der Infrastruktur-Ausstattung in die Neuabgrenzung der Fördergebiete sind Abweichungsaussagen für diese Ziele erstmals ermittelt worden. Diesen Ermittlungen lagen auch sektorale Entwicklungstrends zugrunde. Jede Wiederholung dieses Arbeitsschrittes auf veränderter Datenbasis stellt eine Erfolgskontrolle der Zielerreichung auf Bundesebene dar.

In Rheinland-Pfalz werden gegenwärtig jährlich und in Hessen in langjährigen Abständen hinsichtlich der Arbeitsplatzziele Planwerte der Antragsdaten mit den IST-Daten verglichen, so daß ein Zielerreichungsgrad festgestellt werden kann.

Eine indirekte Kontrolle der Zielerreichung über eine Vielzahl von Kennziffern liefert das Saarland für seinen Aktions-

---

1) Vgl. Claus Noé: Die Marktwirtschaft wird besser, in: Wirtschaftswoche, 28. Jg., Nr. 22 vom 24. 05. 1974, S. 62ff;

vgl. Manfred Krüper: Demokratische Kontrolle muß sein, in: Wirtschaftswoche, 28. Jg., Nr. 27 vom 28. 06. 1974, S. 64ff;

vgl. Rainer Thoss: Ziele der Strukturpolitik, in: Wirtschaftswoche, 28. Jg., Nr. 32 vom 02. 08. 1974, S. 54ff.

programmteil mit jährlichen Werten über Bevölkerung und Erwerbstätigkeit und Industrie[1]. Eine Zusammenstellung anderer Strukturdaten und eine Angabe von Planwerten für Arbeitsplätze und Mitteleinsatz findet sich in den Rahmenplänen der Gemeinschaftsaufgabe aufgegliedert nach einzelnen Aktionsprogrammen[2].

Auf sektorale Strukturzielkontrollen kann aus den Ausführungen von Rheinland-Pfalz und Hessen geschlossen werden.

In den Ländern Bayern und Schleswig-Holstein wird die einzelbetriebliche Zielerreichungskontrolle über die Verwendungsnachweise durchgeführt, die wiederum in anderen Ländern nicht erwähnt werden.

Eine bundeseinheitliche Statistik über die bewilligten Fördermittel und die ggf. mit diesen Fördermitteln zu beschaffenden oder zu sichernden Arbeitsplätze wird vom BAW erstellt.

Die Grunddaten der ländereinheitlichen Antragsformulare werden auf vielfältige Weise ausgewertet, u. a. nach Ländern, Investitionsarten, Größenklassen der Investitionen, Fördergebietskategorien und Aktionsprogrammen.

Die Statistik dient insofern der Zielerreichungskontrolle, als durch den Vergleich zwischen im Rahmenplan aufgeführten Planziffern und geplanten IST-Werten nach der Antragsstatistik Abweichungen ermittelt werden können.

Zur Organisation der Kontrollprozesse ist festzustellen,

---

1) Werte für Wohnbevölkerung, Wanderungssaldo, Erwerbstätige, Erwerbsquote, Arbeitslose, Arbeitslosenquote, offene Stellen, Industriebesatz, Beschäftigte, Montan-Beschäftigte.

2) Vgl. Deutscher Bundestag, 4. Rahmenplan der Gemeinschaftsaufgabe "Verbesserung der regionalen Wirtschaftsstruktur" für den Zeitraum 1975 - 1978, Drucksache 7/3601, S. 141. Dort angegeben je Aktionsprogramm: Einwohner, Fläche, Bevölkerung, Industriebesatz, BIB / WOB Schwerpunktzahl, Arbeitsplatzziel für vier Jahre, geförderte Investitionsobergrenze und Infrastruktur-Ausstattung.

5. Kap.: Zur Zielerreichung

daß die zur Neuabgrenzung ermittelten Werte auf gutachtlichen und (für die Einkommenswerte) auf statistischen Daten beruhen. Die Länderstatistiken zur Arbeitsplatzzielerreichung beruhen dagegen auf Kombinationen von Antragsdaten, den Daten statistischer Landesämter und Sondererhebungen[1].

Die Durchschriften der Anträge auf Fördermittel bilden die BAW-Antragsstatistik. Die Anträge werden dabei über die Länder oder das Bundeswirtschaftsministerium an das BAW geleitet.

Zur Zielerreichungskontrolle bei der sektoralen Förderung wurde vom Land Hessen die Kontrolle einer bundesdurchschnittlichen Sektorenverteilung und vom Land Rheinland-Pfalz die Vermeidung von Monostrukturen angegeben.

3. Kritik und Veränderungsmöglichkeiten

Die Anlage der Erfolgskontrollprozesse in den angegebenen Beispielen ist für den gegenwärtigen Informationsbedarf zweckmäßig. Im Vergleich zu gesteigerten Anforderungen sind folgende Verbesserungsmöglichkeiten vorzusehen:

- Gegenüberstellung von SOLL- und IST-Werten auf Bundesebene würde die Vergleichsarbeit erleichtern.
- Aktuellere Einkommenszahlen würden die Aussagefähigkeit der Strukturdaten verbessern.
- Die sektorale Zielerreichung müßte vor allem auf Bundesebene kontrolliert werden.

Zur Organisation kann davon ausgegangen werden, daß die in den Ländern tätigen Stellen durch Abstimmung ihrer Uraufschreibungen und verbesserte Versorgung durch die statistischen Landesämter und die Arbeitsämter mit gleichem Kontrollaufwand bessere Daten erhalten können. Ebenso wie die automatische

---

1) Z.B. in Rheinland-Pfalz Befragung von nicht der Industrieberichterstattung unterworfenen Betrieben.

Übernahme von Antragsdaten des BAW in Landesdateien möglich ist, ist ein Datenrücklauf aus den Ländern zum BAW denkbar, mit dem die Antragsstatistik zum SOLL-IST-Vergleich ausgebaut werden könnte.

Wegen der grundsätzlichen Bedeutung der Zielerreichungskontrolle für die kurzfristige Anpassung und Fortschreibung der Planungen wird empfohlen:

- Die Zielerreichungskontrollen sollten vereinheitlicht, von den Ländern durchgeführt und vom Bund zusammengefaßt werden,
- die zeitliche Verfügbarkeit der Kontrollergebnisse muß so sein, daß Anpassungen des Fördermitteleinsatzes innerhalb der von den Ländern für notwendig gehaltenen Zeiträume möglich sind,
- die zeitliche Verfügbarkeit der Kontrollergebnisse muß so sein, daß Bund und Länder sie vor den neuen Planungen in Abweichungsanalysen verarbeiten können,
- die Kontrollberichterstattung sollte auf Vergleichswerte abgestellt werden und in den Planungsunterlagen für die neue Periode erfolgen. Das heißt, soweit dies noch nicht Übung ist, Aufnahme eines Erfolgsberichterstattungsteils in den Rahmenplan der Gemeinschaftsaufgabe "Verbesserung der regionalen Wirtschaftsstruktur",
- im Rahmen der Bearbeitung des Stufenplans wird vorgeschlagen, das Erfolgskontrollkonzept nach den von der GFS hinsichtlich der Zielerreichung für erforderlich gehaltenen Kriterien zusammenzustellen.

4. Probleme und Lösungsmöglichkeiten der Datenerfassung zur Zielerreichungskontrolle

Hinsichtlich der Zielerreichung müssen Indikatoren zum Arbeitsplatz- und Einkommensziel sowie für die physische Ausstattung mit Infrastruktur gebildet werden. Kriterien für die Arbeitsplatzziel - Indikatoren bilden der künftige Arbeitsplatzreservequotient, die durchschnittliche Arbeitslosenquote und die Binnenwanderung.

In die Berechnung des Arbeitsplatzreservequotienten fließen Daten aus der amtlichen Statistik sowie Wachstumsprojektionen des Bundesministeriums für Wirtschaft und gesamtwirtschaftliche Prognosen von wirtschaftswissenschaftlichen Instituten für einzelne Sektoren ein. Eine kurzfristigere Berechnung des Arbeitsplatzreservequotienten wirft neben der erforderlichen tiefen Regionalgliederung folgende Beschaffungsprobleme für das notwendige Datenmaterial auf: Im einzelnen sind die Angaben zu den IST-Werten der Beschäftigungsfälle, den Wanderungs- und Pendlerbewegungen und zum Bevölkerungsstand zu ermitteln. Diese müssen durch Erwerbsquoten und Sterbeziffern ergänzt werden.

Die Beschäftigungsfälle (außer den landwirtschaftlichen) liegen durch die Arbeitsstättenzählung in der gewünschten Gemeinde-Gliederung vor. Die Verwendung dieser im zehnjährigen Turnus stattfindenden Erhebung, die Daten mit einer Aktualität von drei bis vier Jahren liefert, erscheint innerhalb eines kurzfristig ausgerichteten Kontrollkonzeptes nicht ausreichend. Außerhalb der Großzählungsjahre liegen Daten in kleinregionaler Gliederung statistisch nur unvollständig in den Angaben zur Entwicklung der Erwerbstätigkeit in der Industrie und im Bauhauptgewerbe sowie in den Personalstandserhebungen des öffentlichen Dienstes vor.

"Die Entwicklung der Beschäftigung im tertiären Bereich, für die außerhalb der Volks-, Berufs- und Arbeitsstättenzählung keine aktuellen Informationen in kleinregionaler Gliederung vorliegen, muß so lange ergänzend durch Fortschreibung der jeweils letzten Großzählungsergebnisse hinzugeschätzt werden. Dabei ist eine gewisse Absicherung der Fortschreibung mit dem basic-non-basic Ansatz möglich."[1]

---

1) Hans Kohler und Lutz Reyher: Zu den Auswirkungen von Förderungsmaßnahmen auf regionale Arbeitsmärkte, Sonderdruck aus: Mitteilungen aus der Arbeitsmarkt- und Berufsforschung, S. 7.

Lösungsmöglichkeiten der Datenerfassung

Mit dem Vorliegen der neuen Beschäftigungsstatistik ist künftig die Möglichkeit gegeben, in einer ausreichend regionalen Gliederungstiefe bis auf die bekannten Ausnahmen[1], die notwendigen Angaben kurzfristig zu erhalten. Problematisch bleibt die Erfassung der Beschäftigungsfälle in der Landwirtschaft, da diese momentan nur im Rahmen der jeweils in zehnjährigem Abstand durchgeführten Volks- und Berufszählung oder der Landwirtschaftszählung zur Verfügung stehen. Diese statistische Datenlage führte in einzelnen Untersuchungen zur Eliminierung der landwirtschaftlichen Beschäftigungsfälle[2].

Daten der Binnenwanderungen liegen jährlich in einer gemeindeweisen Gliederung vor. Denkbar wäre hierbei, daß man durch Auswertungen von Zwischenergebnissen aus den monatlichen Meldevorgängen die Angaben in kürzeren Abständen erhalten könnte.

Die amtliche Statistik liefert mit den Ergebnissen der Volks- und Berufszählung und der Arbeitsstättenzählung Angaben über Berufspendlerströme. Da diese jedoch nur im zehnjährigen Abstand vorliegen, erscheint der Ausbau der statistischen Basis oder die Verwendung von Angaben aus anderen Statistiken (z.B. evtl. Verkehrsstatistik) sinnvoll.

Die Bundesanstalt für Arbeit liefert schon heute kurzfristig nach Arbeitsamtsbezirken gegliederte Arbeitslosenquoten. Die hierbei technisch mögliche gemeindeweise Primärerfassung könnte die erforderlichen Daten für den Indikator "durchschnittliche Arbeitslosenquote" zur Verfügung stellen.

Die Problematik der Erfassung der Wanderungen im Rahmen der Ermittlung des Arbeitsplatzreservequotienten ist auch für den gesonderten Wanderungsindikator, der die Abweichung

---

1) Hans Peter Hoffmann, Heinz Hoyer, Hermann Baier: Die neue Beschäftigungsstatistik der Bundesanstalt für Arbeit, in: Arbeit, Beruf und Arbeitslosenhilfe - Das Arbeitsamt - Fachzeitschrift für die Aufgaben der Bundesanstalt für Arbeit, Heft 9, 10. 9. 1972, 23. Jg., S. 282.

2) Hans Kohler und Lutz Reyher, a.a.O., S. 7.

von IST-Wanderungswerten angibt, von Relevanz. Hinsichtlich der Regionalstatistik ist jedoch aufgrund von Erfahrungen in der Vergangenheit eine getrennte Erfassung von Wanderungen der Inländer und Ausländer erforderlich.

Als ergänzender Indikator für die Zielerreichung wird ein Maß für die Wirtschaftsstruktur, das die IST-Abweichung der regionalen Wirtschaftsstruktur von bundesabgestimmten, regionalisierten SOLL-Werten aufzeigt, vorgesehen. Unter Verwendung von regionalen Primärdaten sollte dann eine geeignete sektorale Gewichtung (nicht durch Umsätze) vorgenommen werden. Bis zur endgültigen Einführung dieses Indikators wird die Verwendung des entsprechenden IAB-Teilindikators[1] empfohlen.

Für das Einkommensziel werden drei Indikatoren definiert. Als kurzfristiger Indikator der Einkommensabweichung wird das Verhältnis der IST-Brutto-Werte der Löhne und Gehälter, bezogen auf die Arbeitnehmer der Industrie, zum jeweiligen bundesdurchschnittlichen oder regionalen SOLL-Wert als Indikator vorgeschlagen. Die gegenwärtige Datenlage führt zu dieser Auferlegung einer Beschränkung auf die Arbeitnehmer in der Industrie, da für kurzfristige IST-Werte der Löhne und Gehälter nur die Angaben des monatlichen Industrieberichtes zur Verfügung stehen. Bis zum Vorliegen der neuen Beschäftigtenstatistik, welche eine Ausdehnung des Indikators auf die übrigen Wirtschaftsbereiche ermöglicht, muß die begrenzte Aussagefähigkeit dieses Indikators in Kauf genommen werden[2].

Mittelfristig wird ein Abweichungsmaß für die IST-Einkommenswerte je Erwerbstätigen in einer Region von den jeweils postulierten SOLL-Werten vorgeschlagen. Problematischer Teil dieses Indikators ist die Einbeziehung der landwirtschaftlichen[3] und der veranlagten Einkommen. Insbesondere sind

---

1) Vgl. Hans Kohler und Lutz Reyher, a.a.O., S. 7.
2) Vgl. hierzu auch Hans Kohler und Lutz Reyher, a.a.O., S. 7.
3) Geprüft werden sollte, ob eine evtl. geringe Relevanz von landwirtschaftlichen Einkommen für eine vergleichende Darstellung der Einkommenssituation in Fördergebieten eine Nichtberücksichtigung in der Einkommenssituation begründet.

Lösungsmöglichkeiten der Datenerfassung 75

hierbei die Möglichkeiten der Verwendung von Statistiken der Einkommenssteuererklärung zu untersuchen, die u.U. den jetzigen, mehrjährigen Erhebungszeitraum für die Einkommensdaten erheblich verkürzen könnten.

Die Ermittlung von regionalisierten Bruttoinlandsprodukt-Werten zur Kennzeichnung der Einkommenssituation einer Region wird wegen der Berücksichtigung von veralteten Daten und der auftretenden Ungenauigkeiten der regionalen Zuordnung[1] nicht für erstrebenswert gehalten.

Der Quotient aus dem regionalen IST - Wert und dem durchschnittlichen SOLL - Wert für die Einkommensverteilung bildet den dritten Einkommensindikator. Das statistische Datenproblem dieses mittelfristig zu berechnenden Indikators entspricht dem des o.a. Abweichungsmaßes.

Alle genannten Indikatoren erfordern - soweit sie nicht Bundesdurchschnittswerte oder Landesdurchschnittswerte mit regionalen Werten vergleichen - die Festlegung regionaler SOLL - Werte im Rahmen des politischen Entscheidungsprozesses der Länder.

Für das Infrastrukturziel wird die Ermittlung eines relativen Infrastruktur - Defizits, d.h. die negative Abweichung des Bestandes an IST-Infrastruktur zur SOLL-Ausstattung der für die gewünschte Wirtschaftsstruktur erforderlichen Infrastruktur einer Region, vorgesehen. Ein erster Schritt hierzu ist die Festlegung eines neuen Infrastruktur - Kataloges[2], dessen Elemente in Abhängigkeit des jeweils angestrebten Umfanges der Wirtschafts- und Bevölkerungsstruktur formuliert werden sollten[3].

---

1) J. Heinz Müller, a.a.O., S. 33.
2) Im Rahmen der Gutachterabstimmung wurde von Herrn Prof. Dr. Wulf darauf hingewiesen, daß sein Endbericht einen neuen Infrastrukturkatalog enthalten wird.
3) Vgl. hierzu Rainer Thoss u.a.: Möglichkeiten der Beeinflussung des regionalen Einkommensniveaus durch regional politische Instrumente, Münster, Dezember 1974, S. 12.

5. Kap.: Zur Zielerreichung

Infrastrukturdaten sind in der amtlichen Statistik überwiegend in jährlichem Abstand auf Kreisebene verfügbar. Die im Rahmen des Förderkonzepts erforderliche Kenntnis kurzfristiger Infrastruktur - Daten wäre künftig auf dem Wege von Verwaltungsinformation zu gewinnen. Mit Hilfe eines von Bund und Ländern zu entwickelnden Gewichtungsschemas ließen sich dann Aussagen über den jeweiligen Zielerreichungsgrad bezüglich der Infrastruktur treffen.

Sechstes Kapitel

INDIKATOREN UND KONTROLLDATEN ZUM MITTELEINSATZ

1. Anzustrebende Ausgestaltung der Mittelkontrolle

Kontrollen zum Mitteleinsatz haben allgemein das Ziel, den Umfang der erforderlichen Mittel in der Zukunft genau planen zu können und Hinweise für die richtige Verteilung der Mittel auf die unterschiedlichen Regionen sowie Art der einsetzbaren Instrumente zu gewinnen. Der Mittelbegriff deckt dabei sowohl die Angabe von Geldwerten als auch die einzelnen Instrumente ab, durch die Strukturveränderungen erreicht werden sollen. Im Rahmen der Rechnungslegungen der öffentlichen Haushalte ist diese Doppelbedeutung deshalb relevant, weil Sach- und Dienstleistungen u.U. etatmäßig nicht mit den Finanzleistungen zusammen ausgewiesen werden, obwohl sie den gleichen Zweck verfolgen.

Ein wichtiges Erfolgskriterium zum Mitteleinsatz scheint zu sein, daß der Mitteleinsatz je Quantität der angestrebten Strukturverbesserung möglichst klein ist.[1] Nur aufgrund der Kenntnis der zum Strukturausgleich erforderlichen Mittelhöhe kann eine realistische Planung vorgenommen werden.

Es wird daher als erstes Erfolgskriterium vorgeschlagen:

- Mittelbedarf je Quantität der Strukturverbesserung.

Als weiteres wichtiges Ziel des Mitteleinsatzes muß angesehen werden, daß der Umfang der verfügbaren auch dem der benötigten Mittel entspricht. Diese Forderung hat sowohl eine

---

1) Vgl. hierzu Horst Mehrländer: Fortschrittliches Förderungsprogramm, in: Wirtschaftsdienst, 51. Jg., 1971, Heft 3, S. 148ff.

überregionale als auch eine regionale Bedeutung. Für Bund und Länder können aus einer Gegenüberstellung von insgesamt benötigten und verfügbaren Fördermitteln Aussagen über die Deckungslücke im Mittelbedarf und über die Dauer der Behebung von Strukturabweichungen gewonnen werden. Zwischen den einzelnen Ländern und Förderregionen kann die Angabe von Einzelwerten zur Kontrolle der "Gerechtigkeit" der Fördermittelverteilung dienen. Folgendes Erfolgskriterium wird daher für notwendig gehalten:

- Die Relation der zum Strukturausgleich erforderlichen zu den verfügbaren Fördermitteln.

Die Beschaffung der notwendigen Kontrolldaten für dieses Erfolgskriterium ist als schwierig anzusehen. Zunächst kann der Bedarf an zum Strukturausgleich erforderlichen Mitteln nur dann angegeben werden, wenn der Mittelbedarf je Quantität der Strukturverbesserung bekannt ist. Außerdem müßte eine Aussage darüber erfolgen, welche Mittel den wirksamen Fördermitteln zuzurechnen sind. In der Diskussion um die gerechte Verteilung der Fördermittel auf die Förderregionen ergibt sich bereits aus der Anlage des Erfolgskriteriums, daß eine kardinale Reihung der Förderregionen erreicht werden müßte. Zu dieser kardinalen Reihung ist darauf hinzuweisen, daß das Ausmaß der Strukturabweichung nur dann dem Mittelbedarf proportional sein kann, wenn die Wirkungen der eingesetzten Fördermittel als regional gleichartig anzusehen sind. Dies wird dann nicht der Fall sein, wenn die systematische Prüfung der Prämissen regionale Unterschiede ergibt. Hinsichtlich der Diskussion über eine kardinale Reihung der Fördergebiete scheint uns die Anordnung nach dem Mittelbedarfsprinzip richtiger zu sein als eine nach dem - wie bei der Zielerreichung - Abweichungsprinzip geordnete Aufstellung.

Als spezifisch regional wirksam werden im Rahmenplan der Gemeinschaftsaufgabe "Verbesserung der regionalen Wirtschaftsstruktur" die

- Investitionszulagen und
- Investitionszuschüsse

ausgewiesen.

Daneben ist jedoch auf die Regionalwirksamkeit der Ausgaben der Länder für

- Bildungswesen, Wissenschaft, Forschung, kulturelle Angelegenheiten,
- soziale Sicherung, soziale Kriegsfolgeaufgaben, Wiedergutmachung,
- Gesundheit, Sport und Erholung,
- Wohnungswesen, Raumordnung und kommunale Gemeinschaftsdienste,
- Ernährung, Landwirtschaft und Forsten,
- Energie- und Wasserwirtschaft, Gewerbe, Dienstleistungen,
- Verkehrs- und Nachrichtenwesen und
- Wirtschaftsunternehmen, allgemeines Grund- und Kapitalvermögen, Sondervermögen,

hinzuweisen.

Letztlich sind die Aktivitäten der Gemeinden, insbesondere deren Grundstücks- und Gewerbesteuerpolitik, von hoher regionaler Bedeutung.

Zur Kontrolle des Einsatzes öffentlicher Mittel der regionalen Wirtschaftsförderung ist von mehreren Autoren auf das Problem der insgesamt regional wirksamen Mittel hingewiesen worden. Grundsätzlich ist festzustellen, daß Gliederungen aller regional wirksamen öffentlichen Mittel fehlen. Von den Institutionen für regionale Wirtschaftsförderung werden stets nur Teile der regional wirksamen Mittel vergeben.[1]

Man kann zwar nach FRIDERICHS[2] davon ausgehen, daß die

---
1) Vgl. Wolfgang Albert: Aufgaben, Instrumente und Ziele der regionalen Strukturpolitik, S.2, aus unveröffentlichten Materialien zu Führungsseminaren der Bundesakademie für öffentliche Verwaltung, 1974;
vgl. J. Heinz Müller, a.a.O., S. 22.
2) Vgl. Hans Friderichs, a.a.O., S. 26.

6. Kap.: Zum Mitteleinsatz

weit überwiegende Mehrzahl der vielfältigen strukturpolitischen Aktivitäten gleichgerichtet ist, jedoch bedarf es zur Sicherstellung, daß keine Überschneidungen, gegenläufige und widersprüchliche Einzelannahmen existieren, einer grundlegenden Untersuchung. "Aus der genaueren Kenntnis der einzelnen Aktionen wird sich eine gewisse Ausschaltung von strukturpolitischen Widersprüchen ergeben; die Effektivität der Strukturpolitik kann dadurch insgesamt wachsen."[1]

Insgesamt ist also gegenwärtig nicht kontrollierbar, ob die verschiedenen Förderungen ausreichend abgestimmt sind. Empfohlen wird daher:

- Festlegung von Kriterien für den Grad der Koordination des Einsatzes regional wirksamer Mittel.

Die hierfür erforderlichen Daten könnten aus formalisierten Übermittlungsprozessen der beteiligten Institutionen in Bund und Ländern oder durch Regionalisierungen von Haushaltsansätzen ermittelt werden. Da erhebliche öffentliche Mitteleinsätze Veränderungen der Infrastruktur bewirken, könnten hilfsweise Verwaltungsinformationen zum aktuellen Infrastrukturbestand Auskunft über den Einsatz sonstiger regional wirksamer Fördermittel geben.

Alle bisher genannten Indikatoren zum Mitteleinsatz knüpfen an die geplanten oder vergebenen Fördermittel an.

Es scheint darüber hinaus sinnvoll, die Mittelverwendung bei den Fördermittelempfängern zu kontrollieren und die Ergebnisse in einem speziellen Indikator zum Ausdruck zu bringen, der in folgender Form vorgeschlagen wird:

- Relation insgesamt vergebener zu fehlverwendeten Fördermittel.

Hier müßten die IST-Zahlen der ausgegebenen Fördermittel denjenigen Mitteln gegenübergestellt werden, die von den Empfängern überhaupt nicht für die angegebenen Zwecke genutzt

---

1) Vgl. Hans Friderichs, a.a.O., S. 26.

worden sind (z.B. Konkursfälle).

In der jüngsten Vergangenheit ergab sich weiterhin die Problematik, daß für Förderprogramme zur Verfügung gestellte Haushaltsmittel nicht in dem vorausgesehenen Umfang in Anspruch genommen wurden. Hieraus ergibt sich die Notwendigkeit, den Abfluß von Fördermitteln zwecks Anpassung des Instrumentariums zu kontrollieren.

Es wird daher folgendes Erfolgskriterium vorgeschlagen:

- SOLL - IST - Vergleich geplanter und in Anspruch genommener Fördermittel (KI).

Die Kontrolldaten für dieses Kriterium müßten sich aus den gegenwärtigen Unterlagen leicht gewinnen lassen, wenn ein Rückmeldeverfahren über die Inanspruchnahme der Investitionszulage erreicht werden kann.

2. IST-Zustand

Der Planungsausschuß der Gemeinschaftsaufgabe "Verbesserung der regionalen Wirtschaftsstruktur" hat durch die Festlegung des Mittelverteilungsverfahrens[1] die Möglichkeit der Nachprüfung geschaffen. Aus den weiteren Diskussionen zur Erfolgskontrolle ergibt sich darüberhinaus der Wunsch nach einer differenzierteren Aussage zur regionalen Mittelzuordnung.

Die Erfassung sonstiger regional wirksamer Fördermittelansätze - wichtig für die Koordinationsprüfung - geschieht bisher auf Bundesebene nachrichtlich durch die Kenntnisnahme von

- Agrarprogrammen über die Vertreter des BML im IMNOS und

---

[1] Vgl. Jürgen Wulf: Entwurf eines Systems der Erfolgskontrolle für die regionale Wirtschaftsförderung, Zwischenbericht (Stand März 1975) S. II/12 f. und Hans Friderichs: Mitteilung an die Abgeordneten des Bundestages, Bonn, 23. August 1974, S. 3.

im Rahmen der Gemeinschaftsaufgabe "Verbesserung der Agrarstruktur und des Küstenschutzes" über den interministeriellen Ausschuß der Haushalts- und Koordinierungsreferenten,

- Verkehrsprogrammen über Planungsunterlagen des BMV und
- ERP-Mitteln (Regionalprogramm) durch Mitteilungen der Kreditanstalt für Wiederaufbau.

Das ERP-Gemeindeprogramm wird vom BMWi bewirtschaftet. Ebenso sind neben den vom BMWi vergebenen Mitteln die Mitteleinsätze des BMBau und BML im Rahmen von Sonderprogrammen dem Referat I C 2 des BMWi.

Einbezogen wird das BMWi in die Planung von Städtebauprogrammen hinsichtlich der Anzahl der Demonstrations- und Sanierungsvorhaben in Schwerpunktorten und bei Maßnahmen nach dem Grundstücksverbilligungsgesetz durch das BMF.

Die Information des Referates I C 2 über die Fördermittelhöhe der vom BMWi getragenen Sektoralförderung erfolgt in Sonderfällen automatisch, sonst jedoch nur auf Anforderung.

Aus den Antragsunterlagen des BAW werden die Firmenangaben über den Erhalt sonstiger Fördermittel entnommen und aufgelistet. Sonderauswertungen für das BMWi und die Länder wären möglich.

Die Kontrolle des Gesamtumfangs beantragter und bewilligter Fördermittel und die Kontrolle der Mittelabrufe durch die Länder erfolgt im BAW und bei den Finanzämtern. Das BAW erfaßt bei den GA-Mitteln sowohl die Bewilligungen als auch den Abruf der Gelder durch die Länder. Die Auszahlungen der Investitionszulage werden dagegen bei den örtlichen Finanzämtern erfaßt.

Allgemein sind - auch wenn dies nicht gesondert in den Befragungsergebnissen zum Ausdruck kommt - die Möglichkeiten der Kontrolle der Bewilligungen und Mittelabrufe überall in den Ländern gegeben. Aus der allgemein üblichen Einhaltung von Haushalts- und Bewirtschaftungsvorschriften kann geschlossen werden, daß zunächst in den Ländern diese Daten kurzfristig abrufbar sind.

Zusätzlich zu den zusammenfassenden Mittelkontrollmöglichkeiten sind die betriebs- und gemeindeweise aufzustellenden Verwendungsnachweise als Kontrollinstrumente anzusehen. In einer Reihe von Ländern werden die Angaben der Verwendungsnachweise in Förderbetriebsdateien erfaßt. Darüberhinaus sind die Verwendungsnachweise Gegenstand sachlicher und rechtlicher Prüfungen, die in den verschiedenen Ländern von unterschiedlichen Stellen durchzuführen sind.

Die wichtigste zusammenfassende Statistik über die Mittelvergabe wird im BAW aus den Bewilligungen für Investitionszuschüsse und den Bescheinigungen der Investitionszulage[1] aufgebaut. Aus ihr sind sowohl regionale als auch sektorale Gliederungen eines umfangreichen Grunddatenbestands zu entnehmen. Dieser aktualisierte Bestand eröffnet erhebliche Auswertungsmöglichkeiten.[2]

3. Kritik und Veränderungsmöglichkeiten

Zu den Mittelkontrollen ist hinsichtlich der haushaltsmäßigen Abwicklung kaum Kritik möglich. Die Ermittlung von SOLL-Werten ist insofern problematisch, als letztlich von Planwerten im Rahmen der mittelfristigen Finanzplanung ausgegangen wird. Es wird jedoch vermutet, daß der Bedarf an Fördermitteln sich an speziellen kurzfristigen und regionalisierten Bedarfskriterien ausrichten sollte. Als erforderlich erscheint daher

---

1) Die Höhe der tatsächlich von den Finanzämtern ausgezahlten Investitionszulagen kann gegenwärtig vom BAW nicht erfaßt werden, da z.Z. kein Rückmeldeverfahren von den Finanzämtern zum BAW besteht.
2) Vgl. hierzu: Hans Egon Hötger: a.a.O., S. 133 ff.

- die Ermittlung des voraussichtlichen Mittelbedarfs für die Behebung der Strukturschwächen und die Gegenüberstellung von finanziell realisierbaren Planansätzen.

Dies würde eine Aussage über die Höhe und die Deckung des tatsächlichen Bedarfs erlauben.

Wegen der Planungsschwierigkeiten bei der Investitionszulage und wegen der Möglichkeit der Differenz zwischen Bescheinigungswert und Finanzamtauszahlung ist die Statistik über die IST-Gewährung bei der Zulage wichtig:

- IST-Daten über die Auszahlungen der Investitionszulage im Vergleich zur Höhe der Bescheinigungen und der Schätzangaben der Investitionszulage der Länder aus dem jeweiligen Rahmenplan würden sowohl die Übersicht über den Mittelabfluß als auch die Daten für die künftige Planung verbessern.

Verbesserungsnotwendigkeiten bei der Mittelkontrolle im weiten Sinne bestehen, wenn nach differenzierten SOLL-Werten für die regionale Zuordnung von Fördermitteln gefragt wird.[1] Hier könnte mit dem von der GFS vorgeschlagenen Kriterium des Mittelbedarfs für die Überwindung festgestellter Strukturschwächen zu einer kardinalen Reihung der Fördergebiete übergegangen werden:

- Eine kardinale Reihung der Fördergebiete würde die "gerechtere" Zuordnung von Fördermitteln und die Kontrolle der entsprechenden Verteilung ermöglichen.

Im Hinblick auf die eingangs behandelten Standards der regionalen Wirtschaftsförderung erscheint eine Verbesserung der Kontrolle sonstiger regional wirksamer Mittel sehr empfehlenswert, die nach einem auszuarbeitenden Katalog nach Haushalts-, Länder- oder Gemeindeangaben erfaßt werden könnten. Wie von der GFS vorgeschlagen, könnte dann ein Prozent-

---

[1] Es handelt sich um den Übergang von ordinalen zu kardinalen Werten.
Vgl. hierzu die Ausführungen in Punkt 1 des 6. Kap.

wert der direkt verwalteten regional wirksamen Mittel von
den insgesamt regional wirksamen Mitteln festgestellt werden:

- Eine Bestandsaufnahme sonstiger regional wirksamer Mittel
  würde eine Kontrolle und Verbesserung der Koordination
  aller regional wirksamen Mitteleinsätze ermöglichen.

Zur Organisation dieser Kontrollprozesse sind Entschei -
dungs- und Durchführungsprozesse zu unterscheiden. Die Ermittlung kardinaler SOLL - Werte für "an sich" erforderliche
Fördermittel ist als eine weitere Differenzierung der erarbeiteten Zielsetzungen zu sehen. Die Ermittlung von IST-Zu-
lagedaten müßte dagegen an Arbeitsprozesse der Finanzämter
anschließen, die in einem Rückmeldeverfahren an das BAW oder
Ländereinheiten enden sollten. Aussagen zur Koordination der
regional wirksamen Mittel könnten auf Bundesebene zentral
oder länderweise gewonnen werden. Hier stellt die Infrastruk-
turerfassung eine Möglichkeit dar, regionalisierte Ausgaben
zu erfassen.

Alle bisher genannten "Mittelindikatoren" liefern Hinweise
für eine makroökonomische Analyse der Fördermittelverwendung,
in der Aussagen über geplante und vergebene Fördermittel gemacht werden. Eine umfassendere Kontrolle müßte jedoch auch
die Mittelverwendung bei den Fördermittelempfängern einbeziehen. Hierfür müßten dann IST-Daten der Fördermittelvergabe denjenigen Mitteln gegenübergestellt werden, die von den
Empfängern nicht für die in den Anträgen angeführten Verwen-
dungszwecke genutzt worden sind (insbesondere Konkursfälle).

Die GFS schlägt die Ermittlung eines Prozentwertes der insgesamt vergebenen Fördermittel von den fehlverwendeten Fördermitteln vor:

- Die einzelbetriebliche Erfassung von Mittelverwendungen
  ermöglicht die Feststellung von fehlverwendeten Fördermitteln.

Zur Mittelkontrolle werden im einzelnen folgende Schritte
empfohlen:

- Die Notwendigkeit und Möglichkeit einer differenzierten Bestimmung des regionalen Fördermittelbedarfs sollte erörtert werden.

- Die BAW-Statistik sollte sowohl durch die Ergänzung um IST-Werte der Investitionszulagenauszahlungen und der erreichten Arbeitsplatzziele als auch durch eine Periodisierung der SOLL-Werte ausgebaut werden. Befragungen zur Verwendung der BAW-Statistik in den Ländern zeigten, daß diese nur teilweise genutzt werden, so daß eine grundlegende Unterrichtung der Mitglieder der Gemeinschaftsaufgabe über die Verwendungsmöglichkeiten des Materials zweckmäßig erscheint.

- Die Erfassung sonstiger regional wirksamer Mittel sollte innerhalb jedes Rahmenplanes erfolgen und - bei starken Veränderungen innerhalb des Jahres - durch vierteljährliche Fortschreibungen kontrolliert werden.

- Die betriebsbezogene Erfassung der Fördermittelzuwendungen sollte laufend angestrebt werden.

4. Probleme und Lösungsmöglichkeiten der Datenerfassung für die Mittelkontrolle

Die angeregten Mittelkontrollprozesse erfordern hinsichtlich der Bestimmung des voraussichtlichen Mittelbedarfs die Feststellung von Zielabweichungen. Da diese z.T. auf regional begründeten Unterschieden beruhen können - was im Rahmen der Prämissenkontrolle zu überprüfen wäre -, muß zur Behebung des Zieldefizits ein Korrekturfaktor bezüglich der einzusetzenden Mittelhöhe und der Präferenzen Berücksichtigung finden. Für eine Gegenüberstellung mit den finanziellen Plansätzen ist schon aus rechnerischen Gründen eine Periodisierung des Mittelbedarfs vorzunehmen.

Um eine Übersicht über den Mittelabfluß zu erhalten, sind die IST-Auszahlungen von Investitionszulagen und Investitionszuschüssen zu ermitteln. Bisher melden die Finanzver-

Lösungsmöglichkeiten der Datenerfassung 87

waltungen dem BMF die Daten über die Auszahlungen der Investitionszulage, die dann länderweise zusammengestellt und dem BMWi mitgeteilt werden. Da aber Abweichungen zwischen der Höhe der im BAW erfaßten, bescheinigten und tatsächlich vom jeweiligen Finanzamt ausgezahlten Investitionszulagen bestehen können (beispielsweise bei Einbeziehung von Grundstückskosten oder geringwertigen Wirtschaftsgütern) besteht die dringende Notwendigkeit eines Rückmeldevorgangs, welcher sicherstellt, daß dem BAW von den Finanzämtern die tatsächlichen Auszahlungen mitgeteilt werden. Vom BMWi werden z.Z. diesbezügliche Anregungen gegeben.

Die IST - Auszahlungen der Investitionszuschüsse werden im BAW aufgrund der Durchschläge der Auszahlungsanordnungen gespeichert.

Im BAW werden weiterhin die Positiv- und Negativ-Entscheide der Investitionszulage sowie die Bewilligung der Investitionszuschüsse zusammengestellt. Unter Einbeziehung des erforderlichen Rückmeldeprozesses - vom Finanzamt zum BAW - ist ein Vergleich zwischen IST - Auszahlungsdaten und Bewilligungsdaten möglich.

Die Planwerte für die Investitionszuschüsse und die Schätzangaben für die Investitionszulage können für den vorgeschlagenen Vergleich mit den IST - Auszahlungen aus dem jeweiligen Rahmenplan entnommen werden. Hiermit kann die Basis für eine verbesserte Planung geschaffen werden.

Die Forderung nach Koordinierung der regional wirksamen Mitteleinsätze macht eine umfassende Erfassung dieser Mittel notwendig. Mit den Antragsdaten erfaßt das BAW auch die Firmenangaben über die jeweils erhaltenen sonstigen Fördermittel außerhalb der Gemeinschaftsaufgabe. Diese stellen jedoch nur einen Ausschnitt aller regional wirksamer Mittel dar. Denkbar wäre eine globale Erfassung über regionalisierte, den Haushaltsansätzen von Bund und Ländern entnommenen Mittelangaben oder durch formalisierte Übermittlungsprozesse der einzelnen Bundes- und Länderressorts. Hilfsweise könnte eine

6. Kap.: Zum Mitteleinsatz

Erfassung mittels Fortschreibung des Mittelaufwandes für Infrastrukturveränderungen vorgesehen werden.

Der Indikator "Relation insgesamt vergebener zu fehlverwendeten Fördermitteln" erfordert Verwendungsnachweise der Mittel in den Förderbetrieben. Es sollte daher die Verfügbarkeit einzelbetrieblicher Daten durch die Verwendung statistischer Unterlagen zumindest überall dort sichergestellt sein, wo Fördermittel in Anspruch genommen wurden. Die in Hessen bestehende Regelung[1] beweist die praktische Durchführbarkeit dieses Ansatzes.

Unter Einbeziehung der oben angeregten Verbesserungen zur Erfassung der IST-Werte der Fördermittelvergabe könnten die für diesen Indikator erforderlichen Daten bereitgestellt werden.

---

1) Vgl. Der Hessische Minister für Wirtschaft und Technik: Richtlinien für die Gewährung von Finanzierungshilfen des Landes Hessen an die gewerbliche Wirtschaft, Sonderdruck aus: Staatsanzeiger Nr. 32 vom 6. 8. 1973, S. 8.

Siebentes Kapitel

INDIKATOREN UND KONTROLLDATEN ZUR PRÄMISSENKONTROLLE

1. Anzustrebende Ausgestaltung der Prämissenkontrolle

Auf die Bedeutung der Kontrolle der Prämissen ist bereits mehrfach hingewiesen worden. Im Unterschied zu den Kontrollgegenstandsbereichen "Ziele", "Mittel" und "Verfahren" bestehen die Erfolgskriterien hier nicht in der Angabe bestimmter Relationen, sondern in der Richtigkeit zugrunde gelegter Daten oder Wirkungszusammenhänge.

Wie im Rahmen der Erfolgskriterien zur Zielerreichung erläutert, basieren die Maßnahmen der regionalen Strukturpolitik auf gegenwärtigen oder prognostizierten Strukturabweichungen, die aus historischen oder künftig für zutreffend gehaltenen Daten geschlossen werden.

Stellvertretend für die Gesamtheit aller einbezogener Daten seien hier das Wirtschaftswachstum einzelner Sektoren, die Binnenwanderungen und die Pendlerbewegungen angegeben. Mit den Veränderungen dieser Werte verändern sich die tatsächlichen oder prognostizierten Strukturzustände.

Es wird daher als Erfolgskriterium für die laufende Kontrolle vorgeschlagen:

- Richtigkeit der prognostizierten Entwicklungsdaten.

Die Prämissen über die Wirkungszusammenhänge können aus dem (1974) verfolgten Förderkonzept geschlossen werden, in dem die möglichen Maßnahmen letztlich durch die erwarteten Wirkungen begründet sind. Diesem Förderkonzept liegt u.a.

die Annahme zugrunde, daß durch die eingesetzten Mittel dauerhafte Veränderungen der Wirtschaftsstruktur dahingehend erreichbar sind, daß in Zukunft keine erneuten Struktur - schwächen auftreten. Die zugrunde liegende Annahme läßt sich wie folgt formulieren:

- Strukturentwicklungen sind dauerhaft beeinflußbar.

Die Betrachtung der durch die regionale Strukturpolitik geförderten Institutionen zeigt, daß gegenwärtig die Förderung von Industriebetrieben zur Verbesserung der Wirtschaftsstruktur für ausschlaggebend gehalten wird, wenn auch zunehmend Fremdenverkehrs- und Dienstleistungsunternehmen in die Förderung einbezogen werden. Hieraus ergibt sich folgende kontrollbedürftige Grundannahme:

- Industrie- und auch Fremdenverkehrs- und Dienstleistungsentwicklungen bestimmen die Wirtschaftsstruktur.

Aus den eingesetzten Instrumenten ergibt sich weiter, daß bisher die größte Wirkung von Finanzmitteleinsätzen auf die Wirtschaftsstruktur dadurch erwartet wird, daß die Investitionen der Unternehmen entweder direkt (durch Zuschüsse und Zulagen) oder indirekt (durch Infrastrukturvoraussetzungen) erleichtert werden.

Es läßt sich daher als Erfolgskriterium die Annahme formulieren:

- Investitionserleichterungen fördern die Investitionsentscheidungen vorrangig.

Schließlich werden im Hinblick auf die letztlich zu erreichenden Ziele Investitionen nur deshalb gefördert, weil man die Beschäftigung und das Einkommen damit auf einen angemessenen Stand zu bringen hofft. Als weitere Annahme ergibt sich daher:

- Zusätzliche Investitionen erhöhen Beschäftigung und Einkommen.

Als ein ebenso bedeutsamer und kontrollbedürftiger Bereich der Annahmen ist das jeweils praktizierte Verfahren zur Ermittlung der Strukturabweichungen anzusehen. Die selbstverständliche Tatsache, daß im Rahmen der Gemeinschaftsaufgabe die Frage der Richtigkeit der angewandten Regeln laufend gestellt wird, unterstreicht die Bedeutung einer systematischen Überprüfung. Als letzte Prämisse wird daher aufgeführt:

- Die gegenwärtig angewandten Kriterien und Regeln zur Ermittlung der Strkturschwäche sind zutreffend.

Die Kontrolldaten zu den Prämissen bestehen einerseits aus statistischen oder prognostischen Einzeldaten, die routinemäßig oder zur Feststellung der Zielabweichung der regionalen Wirtschaftsstruktur ermittelt werden. Hier kommt es vor allem darauf an, diese Daten in einem geordneten Verfahren zu bestimmten Perioden zu erfassen.

Schwieriger ist die Gewinnung von Aussagen zu den Ziel-Mittel-Zusammenhängen: Hier werden neben gutachtlichen Feststellungen einschließlich spezieller Erhebungen auch Modellrechnungen mit alternativen Förderkonzepten notwendig sein.

Hinsichtlich der Prämissen und Mittel wird unter bestimmten Umständen zwischen den Erfolgskriterien und Kontrolldaten ein Zusammenhang gesehen: Wenn im Rahmen der Prämissenkontrolle deutlich wird, daß bezüglich der unterstellten Wirkungszusammenhänge regionale Differenzierungen bestehen, so wäre zu prüfen, ob diese in einem veränderten Mittelbedarf je Einheit der Strukturverbesserung ihren Niederschlag finden. Läßt sich anhand weiterer differenzierter Kriterien feststellen, welche Regionen um welchen Betrag von anderen Durchschnittswerten abweichen, so könnte die Frage der angemessenen oder gerechten Bestimmung des Bedarfs an Fördermitteln und der Verteilung der Fördermittel auf die einzelnen Länder durch ein zweistufiges Ermittlungsverfahren gelöst werden: In einer ersten Stufe würde die regionale Zielabweichung festgestellt und der normalerweise zur Behebung der Strukturschwäche erforderliche Förderbetrag errechnet. In der zweiten Stufe würde dann das Ergebnis dieser Berechnungen durch einen speziellen regionalen Faktor korrigiert, der sich aus der laufenden Prämissenkontrolle ergäbe.

2. IST-Zustand

Prämissenkontrollen mit dem Ergebnis der ständigen Anpassung der Instrumente sind in der Vergangenheit durch die Verfolgung von Reaktionen auf das jeweilige Förderkonzept durchgeführt worden.

Darüberhinaus sind empirische und theoretische Untersuchungen zu den als "Prämissenkontrolle" bezeichneten Tatbeständen erfolgt.

Anhand einer empirischen Untersuchung weist KLEIN[1] für den Zeitraum von 1969 bis 1971 nach, daß die Abhängigkeiten zwischen

- Finanzierungshilfen und Investitionen und insbesondere die Zusätzlichkeit der geförderten Investitionen in den meisten Betriebsstätten nicht gegeben sind.

Hinsichtlich der Interdependenzen zwischen

- Beschäftigungsentwicklung und Lohn- und Gehaltsniveau im Industriebereich,
- Einkommenseffekten im Industriebereich und Investitionen im tertiären Sektor sowie
- Arbeitsplatzangebot im Industriebereich und Wanderungsbewegungen der inländischen Erwerbspersonen,

kommt KLEIN zu dem Ergebnis, daß diese sicherlich bestünden, jedoch die im Industriebereich erzielten Impulse nicht ausreichten, meßbare Auswirkungen auf die genannten Größen

---

[1] Vgl. Hans-Joachim Klein: Möglichkeiten und Grenzen ..., a.a.O., S. 155ff.

zu induzieren.

Von den Finanzierungshilfen geht nach KLEIN kein Einfluß auf die

- ausreichende Versorgung mit Gütern und Dienstleistungen,
- Angleichung regionaler Einkommen und
- Erhaltung des Entwicklungspotentials

aus.

Dagegen beeinflußt die Entwicklung der Industriebetriebe die

- regionale Vollbeschäftigung und
- Nutzung der Produktionsfaktoren.

THOSS[1] untersucht die Wirkungszusammenhänge von Investitionshilfen und Einkommen und Investitionshilfen und Produktion. Er stellt positive Effekte der Förderung privater Investitionen, der Wohnungsbau- und -modernisierungspolitik durch Lenkung der privaten Investitionen über Incentives und der staatlichen Mittelzuweisung für kulturelle Infrastruktur und Verkehrsstruktur auf die Binnenwanderungssalden heraus.

Die Branchenstruktur, der Industrialisierungsgrad, die Siedlungsstruktur und den Urbanisierungsgrad hält THOSS für indirekt durch Subventionen beeinflußbar.

Für den Zusammenhang von Finanzierungshilfen und Investitionsvolumen konstatiert er eine positive Korrelation.

Eine in Bayern[2] durchgeführte Untersuchung sollte Aussagen zur Effizienz der dortigen Förderpolitik erbringen,

---

1) Rainer Thoss: Möglichkeiten der Beeinflussung ..., a.a.O. S. 7 und 43ff.
2) Vgl. METRA DIVO: Die Industrialisierungspolitik der Bayerischen Staatsregierung in den Jahren 1954 - 70, Ergebnisse einer empirischen Untersuchung, herausgegeben vom Bayerischen Staatsministerium für Wirtschaft und Verkehr, November 1973.

7. Kap.: Zur Prämissenkontrolle

insbesondere die Entwicklung der geförderten Betriebe aufzeigen und die Einwirkungen auf die festgestellten Entwicklungsimpulse durch die Ansiedlungen und die Beeinflussung des lokalen Arbeitsmarktes verdeutlichen.

Die Ergebnisse zeigen einen positiven Einfluß der Fördermittelerhöhung auf die Neuansiedlung von Betrieben und eine zunehmende Präferenz der ansiedlungswilligen geförderten Unternehmen für kleinere Standorte. Ferner war eine starke Zunahme der Industriebeschäftigten in den Fördergebieten zu verzeichnen, was zu einem Anstieg des Industriebesatzes führte.

Das in Hessen erstellte Gutachten zu den bisherigen Wirkungen der Förderpolitik konnte der GFS bisher nicht zugänglich gemacht werden.

Regelmäßige Diskussionen im Unterausschuß und Planungsausschuß werden zu den einzelnen Prämissen durchgeführt. Es ist anzunehmen, daß in den Ländern diese Erörterungen ebenfalls intensiv stattfinden.

3. Kritik und Veränderungsmöglichkeiten

Wie bereits bei der Zielerreichung und bei den Mitteln ergeben sich Kritikpunkte durch die Formulierung gesteigerter Anforderungen an das bisherige Gesamtkonzept der regionalen Wirtschaftsförderung. Wünschenswert erscheinen dann Prüfungen zu allen Voraussetzungen des Förderkonzeptes und eine aktualisierte Durchführung dieser Kontrollen.

Wesentliche Gesichtspunkte der Prämissenkontrollen sind zusammengefaßt ihre Beschleunigung, die Einheitlichkeit der Durchführung und die regionalen Differenzierungen einzelner Prämissen:

- Eine gesteigerte Aktualität der Prämissenkontrolle würde

frühzeitigere Anpassungen des Förderkonzeptes (Ergebnisabweichungen) ermöglichen,

- einheitliche regionale Kontroll- oder Untersuchungsverfahren würden vergleichbare Angaben aus unterschiedlichen Ländern und von unterschiedlichen Gutachtern liefern,

- regionale Differenzierungen der Geltung einzelner Prämissen würden es ermöglichen, nachweisbare, regionale Besonderheiten so zu gewichten, daß die Übereinstimmung von regionalen Fördermitteln und regionalen Förderzielen geprüft werden kann.

Wie an anderer Stelle dargestellt[1], sind die Prämissenprüfungen Quellen der regionalen Differenzierung des Förderkonzeptes, soweit sich die regionalen Besonderheiten nicht in der Zielabweichung selbst niederschlagen.

Zur Organisation der Prämissenkontrolle bedarf es nach einigen grundlegenden Feststellungen keiner größeren Veränderung der bisherigen Arbeitsabläufe. Wenn die Prämissenkontrolle auf routinemäßigen Datenerfassungen beruht und die Ergebnisse systematisch im Rahmen der neuen Jahresplanungen erörtert werden, bedeutet dies lediglich eine Präzisierung der bisherigen Arbeitsweise. Die Verfahrensregeln für das Procedere im Planungs- und Unterausschuß, die Formalregelungen, die Gewichtung regionaler Besonderheiten und die regionalen Analyseprogramme müssen vorher erarbeitet und festgestellt werden. Der erhebliche Umfang der erforderlichen Mittel für die regionale Wirtschaftsförderung läßt es überdies als sinnvoll erscheinen, alternative Förderkonzepte durchzuspielen, bevor neue Maßnahmen ergriffen werden. Diese Aufgabe könnte zunächst im Wege von Forschungs- und Entwicklungsaufträgen und später teilweise von Serviceeinheiten in Bund und Ländern durchgeführt werden.

Im einzelnen werden folgende Schritte empfohlen:

- Festlegung der Prämissen, die Gegenstand laufender Kon-

---

1) Vgl. Punkt 1 des 7. Kapitels dieses Berichtes.

96   7. Kap.:   Zur Prämissenkontrolle

trollen sein sollen,

- Festlegung der Alternativen, die künftig in Frage kommen,
- Bestimmung eines Rahmenuntersuchungsprogramms zur Durchführung von Analysen in den Ländern,
- Entwicklung von Verfahrensregeln zur einheitlichen Erarbeitung von Kontrolldaten in den GA - Gremien.

4. Probleme und Lösungsmöglichkeiten der Datenbeschaffung zur Prämissenkontrolle

Zur Prämissenkontrolle sind hinsichtlich der Basisdaten für die Zielprojektionen laufend SOLL- und IST-Werte zu verfolgen, die in statistischen Arbeitsprozessen oder in Projektionen außerhalb der regionalen Wirtschaftsförderung anfallen. Daneben sind Angaben über die Ziel-Mittel-Zusammenhänge zu gewinnen, die bei der Ausgestaltung des Förderkonzeptes selbst von Bedeutung sind.

Im Bereich der statistischen oder prognostischen Basisdaten bereitet die Kontrolle der Pendlerbewegung Schwierigkeiten, die für das räumliche Grundraster der regionalen Wirtschaftsförderung entscheidend ist. Weiter scheint es problematisch, daß die branchenweise Ermittlung von Wachstumsvoraussagen nicht im Rahmen der amtlichen Statistik oder durch behördliche Stellen durchgeführt wird. Allgemein ist die statistische Situation für die Basisdaten (Bevölkerung, Wanderungen - auch in der Inländer-Ausländer-Aufteilung) schlecht.

Hieraus ergibt sich erneut die Forderung nach einer kurzfristigen Bereitstellung regional differenzierter Wanderungs- und Bevölkerungsdaten, die durch genauere Pendlerangaben ergänzt werden müssen.

Zu den wirkungsanalytischen Zusammenhängen ist darauf hinzuweisen, daß die jeweiligen Schlußfolgerungen auch im Hinblick auf die angewandte Methode untersucht werden müssen.

Lösungsmöglichkeiten der Datenerfassung

Es bedarf genauerer Prüfungen, ob die Angabe subjektiver Meinungsäußerungen der Investoren (nach durchgeführten Investitionen und mit möglicherweise zeitabhängigen Erwartungshaltungen) ausreichende Quelle für Aussagen zum Investitionsverhalten sein können. Andererseits ist bisher nicht bekannt, daß die Volkswirtschaftslehre empirisch getestete Modelle liefern konnte, die Wirkungszusammenhänge zwischen der Förderpolitik und den Strukturergebnissen zweifelsfrei nachweisbar machen. Insgesamt scheint hier eine wesentliche Lücke darin zu bestehen, daß das angewandte Förderkonzept und relevante Alternativen nur in Ansätzen vorliegen. Es müßte eine Konkretisierung erfolgen, die es vor allem ermöglicht, auch Modellrechnungen durchzuführen.

Achtes Kapitel

INDIKATOREN UND KONTROLLDATEN ZUR VERFAHRENSKONTROLLE

1. Anzustrebende Ausgestaltung der Verfahrenskontrolle

Hinsichtlich des Verfahrens ist zwischen einem übergeordneten und einem internen Informationsbedarf der Mitglieder der Gemeinschaftsaufgabe zu unterscheiden: Während Kontrollen zum Verfahren aus übergeordneter Sicht soweit notwendig sind, als sie Aufschluß über die Einhaltung der vereinbarten Vorgehensweise durch alle Mitglieder der Gemeinschaftsaufgabe geben, sind Angaben über den Ablauf des Förderprozesses in den einzelnen Institutionen erforderlich, um die verwaltungsmäßige Effektivität sicherzustellen.

Als gemeinsames Erfolgskriterium wird empfohlen:

- Einhaltung überregionaler Richtlinien in den einzelnen Ländern.

Hierunter könnten einerseits z.B. Aussagen über die Einhaltung der im Rahmen der Gemeinschaftsaufgabe vereinbarten Richtlinien für die Vergabe der Zulagen und Zuschüsse verstanden werden, andererseits könnte sich das Kriterium auf die Vereinbarkeit zusätzlicher Fördermittel in Bund und Ländern mit den festgelegten Zielen und Richtlinien der Gemeinschaftsaufgabe erstrecken.

Mehr in den internen Arbeitsbereich der einzelnen Institutionen gehören Kontrollen, die die Effizienz der Bearbeitung der einzelnen Verfahrensschritte betreffen. Denkbar sind hier folgende Erfolgskriterien:

- Einhaltung von Grenzen im Bearbeitungsaufwand, in der Bearbeitungsdauer und

- Einhaltung von Managementregeln im Arbeitsprozeß.

Das erste Erfolgskriterium könnte verwendet werden, um im Rahmen eines mehrstufigen Arbeitsprozesses Informationen über die Umsetzungsgeschwindigkeit und den Personalbedarf von Förderprogrammen zu gewinnen. Auch ließe sich denken, daß die Angaben für Vergleichsbetrachtungen zwischen den Ländern und im Rahmen der EG herangezogen werden. Die Einhaltung von Managementregeln im Arbeitsprozeß dient ähnlichen Zielen nur auf einer höheren Entwicklungsstufe: Die Anpassungs- und Entwicklungsfähigkeit auch der regionalen Wirtschaftspolitik hängt letztlich davon ab, inwieweit die Organisation des Führungsprozesses die notwendigen Veränderungen unterstützt. Hierzu ist es heute möglich, anhand von Checklisten periodische Überprüfungen durchzuführen, die über Verbesserungsmöglichkeiten Auskunft geben.

2. IST-Zustand

Beim Verfahren sind die Art der Durchführung des Förderkonzeptes in organisatorischer und inhaltlicher Hinsicht Gegenstand von Kontrollen.

Die Notwendigkeit solcher Kontrollen wird im IST - Zustand nur begrenzt gesehen. Allgemein wird die Führung einer normalen Dienst- und Fachaufsicht für ausreichend gehalten. Dies wird einerseits damit begründet, daß die Festlegung der Fördervoraussetzungen als sehr konkret anzusehen ist und daß andererseits die starken Schwankungen der nachgefragten und erforderlichen Förderaktivitäten produktionsmäßige Kontrollen der Arbeitsprozesse verbieten. Daß auch detaillierte Kontrollen des Personal- und Sachmittelaufwandes für sinnvoll gehalten werden, ergibt sich aus den Angaben des Landes Hessen. In der dortigen Wirtschaftsförderungsgesellschaft HLT wird eine Kostenträgerrechnung zu den Förderfällen geführt.

8. Kap.: Zur Verfahrenskontrolle

Die inhaltlichen Kontrollen der Förderentscheidungen finden in der stufenweisen Bearbeitung in den Ländern und im Bund statt. Die beim BAW einlaufenden Meldebögen werden hinsichtlich der Fördervoraussetzungen mit den Richtlinien verglichen. Sonderfälle der Förderung werden durch das Umlaufverfahren zwischen Bund und Ländern wechselseitig geprüft. Eine Nachkontrolle der gesetzlichen Grundlagen findet bezüglich der Investitionszulagen durch gerichtliche Auseinandersetzungen statt, die von zurückgewiesenen Antragstellern angestrengt wurden.

Das Verhältnis von akzeptierten und zurückgewiesenen Anträgen auf Investitionszulage sowie die Zahl der akzeptierten Anträge zur Gewährung von Investitionszuschüssen wird vom BMWi ermittelt. Ebenso ist die Art und Anzahl der geführten Prozesse bekannt.

3. Kritik und Veränderungsmöglichkeiten

Verfahrenskontrollen sind in der öffentlichen Verwaltung allgemein wenig verbreitet. Kapazitätserfassungen und Planungen gewinnen jedoch zunehmend an Bedeutung, sowohl wegen der Mittelknappheit als auch zur Begründung der zur Zielerreichung notwendigen Kräfte. Folgende Vorteile wären aus genauen Kapazitätsangaben zu ziehen:

- Die Vorteilhaftigkeit verschiedener Landesorganisationen könnte durch Vergleichsbetrachtungen erörtert werden,
- die Voraussetzungen und Bedingungen für Organisationsveränderungen wären besser zu übersehen,
- bei Erörterungen zweckmäßiger Förderorganisationen im europäischen Raum wäre die Vorteilhaftigkeit von Beispiellösungen nachweisbar.

Diskussionswürdig erscheint auch die stärkere Kontrolle der Richtlinieneinhaltung weniger im Sinne der Nachkontrolle einzelner Förderfälle als im Sinne der Einhaltung der Förderrichtlinien in der Gemeinschaftsaufgabe im Hinblick auf die sonstigen Wirtschaftsförderungen (d.h. außerhalb der Gemeinschaftsaufgabe). Solche Kontrollen setzen jedoch voraus, daß hinsichtlich der Geltung der Richtlinien der Gemeinschaftsaufgabe einheitliche Kontrollvorstellungen bestehen.

Verfahrenskontrollen aufbau- und ablauforganisatorischer Art gehören zu den Managementfunktionen in allen Arbeitsbereichen. Inwieweit hier Indikatoren (z.B. für Durchlaufzeiten und korrekturbedürftige Entscheidungen) sinnvoll sind, bedarf der Erörterung. Solche Kontrollinformationen über die Leistungen im Führungsbereich sind jedoch primär für die einzelnen Behörden in Bund und Ländern von Interesse.

Zur Organisation der möglichen Veränderungen ist festzustellen, daß - wie bei den Prämissenkontrollen - vor allem Abstimmungen über die vorzunehmenden Erfassungen in Bund und Ländern notwendig sind. Eine routinemäßige, zusammenfassende Darstellung der Zahlenangaben im Rahmen der Berichterstattung über die Fördererfolge erscheint ohne Schwierigkeiten möglich. Im einzelnen werden folgende Schritte zur Verfahrenskontrolle empfohlen:

- Zur Verfolgung der zweckmäßigen Organisationsregelungen sollten Angaben zum Personal- und Sachmitteleinsatz erfaßt und fortgeschrieben werden,
- über die Reichweite und Art einzuhaltender Richtlinien bei der Vergabe sonstiger Fördermittel sollte Einigkeit hergestellt werden. Kontrollangaben zur Richtlinieneinhaltung sollten ermittelt werden,
- über die zweckmäßigen internen Kontrolldaten für die Führung der Arbeitsbereiche in Bund und Ländern sollte ein Meinungsaustausch mit dem Ergebnis stattfinden, daß bestimmte Kontrollen allgemein durchgeführt und die Ergebnisse ausgetauscht werden sollen.

8. Kap.: Zur Verfahrenskontrolle

4. Probleme und Lösungsmöglichkeiten der Datenerfassung zur Verfahrenskontrolle

Wie bereits gezeigt wurde, sind die Feststellungen zum Mitteleinsatz im Verfahren aufgrund verwaltungsinterner Angaben möglich. Hier besteht lediglich die Notwendigkeit, die Kapazitätsangaben auf gleichartig durchgeführte Funktionen zu beziehen. Hierzu müßten die bei der Bearbeitung von Zulagen und Zuschüssen auftretenden Arbeitsprozesse von solchen unterschieden werden, die mit anderen Förderungen im Zusammenhang stehen.

Schwieriger ist eine Kontrolle der Richtlinieneinhaltung. Im Rahmen der Gemeinschaftsaufgabe erfolgt für die dort vergebenen Mittel die Kontrolle durch die Mehrstufigkeit des Verfahrens und die statistische Auswertung im BAW. Bei den sonstigen regional wirksamen Mitteln könnten die bei der Mittelkontrolle notwendigen Kontrolldaten auch zur Richtlinienkontrolle herangezogen werden. Soweit Einigkeit über die Gesamtverteilung regional wirksamer Mittel besteht, ist über entsprechende Berichterstattungen eine Kontrolle gegeben. Für die internen Kontrollzwecke der einzelnen Förderungsinstitutionen ist eine stichprobenartige Auswertung der einzelnen Antragsvorgänge einerseits und die periodische Kontrolle der Erfüllung bestimmter Managementanforderungen andererseits ohne Schwierigkeit möglich. Da in der Praxis der Behördenarbeit auch gegenwärtig Kontrollen und Anpassungen stattfinden, ist es lediglich erforderlich, diesen auf der Grundlage eines modernen Systemkonzeptes eine wirkungsvollere Form zu geben.

Zusammenfassend ist festzustellen, daß die Datenbeschaffung zu diesem Punkt kaum Schwierigkeiten bereiten dürfte.

Neuntes Kapitel

VORSCHLÄGE ZUM ENTWICKLUNGSPROZESS EINES ERFOLGSKONTROLLSYSTEMS

1. Begründung und Beschreibung von Entwicklungsfeldern

Allgemein wurde für die vorgeschlagenen Indikatoren und Kontrolldaten gefordert, daß sie

- repräsentativ,
- operational,
- rechtzeitig verfügbar und
- praktikabel sein müssen sowie
- den vorzugebenden Kosten - Nutzen - Relationen entsprechen

sollten.

Das 1975 zur Verfügung stehende statistische Daten- und Informationsmaterial genügt diesen Ansprüchen jedoch weder in aktueller Form und regionaler Gliederungstiefe noch im Hinblick auf die erforderliche Periodizität. Hinzu tritt noch die in vielen Statistiken fehlende flächendeckende Erhebung der Merkmale.

Die notwendige Anpassung des statistischen Dienstes wird jedoch aus gesetzlichen Gründen und wegen der bestehenden Mängel und Schwierigkeiten bei Erhebung und Auswertung des Materials nur sukzessiv voranschreiten können. Als weitere Gründe für einen nur sukzessiv möglichen Veränderungsprozeß wurden bereits folgende Aspekte genannt: Unterschiedliche Auffassungen bei Datenlieferanten und -empfängern sowie divergente Ansichten über Umfang und Art von Kontrollprozessen

9. Kap.: Entwicklungsprozeß Erfolgskontrollsystem

erfordern Abstimmungen über den jeweiligen Informationsbedarf im allgemeinen sowie Detailfestlegungen im besonderen. Schließlich sollte eine Phase der Erprobung vor die endgültige Institutionalisierung der Kontrollen geschaltet werden.

All dies macht deutlich, daß für das anzustrebende Kontrollsystem ein relativ weiter Zeithorizont veranschlagt werden muß. Je höher die Wahrscheinlichkeit angesetzt wird, daß Anpassungen im System der regionalen Wirtschaftsförderung stattfinden müssen, um so dringender und zeitlich eher müssen die Verbesserungen in Angriff genommen werden.

Es ist daher ein sich in Entwicklungsfeldern vollziehender Prozeß von Anpassungsschritten zu beschreiben, innerhalb dessen Kombinationsmöglichkeiten der einzelnen Vorschläge für eine umfassendere und dezidiertere Bereitstellung von statistischen Daten berücksichtigt werden können. Daneben wären auch Verknüpfungen von Teilbereichen der Entwicklungsfelder denkbar.

Das erste Entwicklungsfeld läßt sich durch die Ergänzung der heute schon bereitgestellten Grundangaben für den Arbeitskräftereservequotienten, das BIP/WOB und BIP/WIB, der Einkommen pro Beschäftigten und den Elementen des Infrastrukturkataloges der regionalen Wirtschaftsförderung durch Daten über geplante und in Anspruch genomme Fördermittel, fehlverwendete Fördermittel sowie durch die Aufstellung der Relation von bewilligten Förderungen und angestrengten Rechtsstreiten wegen ablehnenden Bescheides abgrenzen.

Erfassungen und Formalisierungen von verwaltungsinternen Informationen, weitere Ergänzungen in der neuen Beschäftigten- und Entgeltstatistik, Umrechnungen auf Gemeindegrößen, Verbesserungen der amtlichen Statistik und letztlich fortgesetzte Entwicklung und Verfeinerung von Schätz- und Prognosemethoden könnten die Maßnahmen des ersten Entwicklungsfeldes systematisch ergänzen. Diese Schritte würden dann ein zweites Entwicklungsfeld bilden.

Im letzten Entwicklungsfeld könnten die Anpassungen der beiden vorherigen übernommen und durch die vollständig formalisierte Erfassung der verwaltungsinternen Informationen, Koordinationsmechanismen mit allen anderen regional wirksamen Mitteln abgerundet werden. Daneben sollten laufende an Bedarfsäußerungen orientierte Entwicklungen der amtlichen Statistik und der Schätz- und Prognoseverfahren mit aufgenommen werden.

Die Auswirkungen der Teilschritte innerhalb der drei Entwicklungsfelder auf die Anforderungen an Indikatoren und Kontrolldaten gibt nachstehende Abbildung wieder.

Im einzelnen sind zur Erreichung der Ziele eines entwickelten Kontrollsystems eine Vielzahl von Maßnahmen notwendig, durch die die vorgeschlagenen Veränderungen erst möglich werden.

ÜBERSICHT ÜBER DIE ERFÜLLUNG VON ANFORDERUNGEN AN INDIKATOREN UND KONTROLLDATEN INNERHALB EINZELNER ENTWICKLUNGSFELDER FÜR EIN SYSTEM DER ERFOLGSKONTROLLE REGIONALER WIRTSCHAFTSFÖRDERUNG

BMWi 01   -   GFS 74   ABB. NR. 7

Anforderungen	Entwicklungsfeld I	Entwicklungsfeld II	Entwicklungsfeld III
Repräsentativ	o	o	+
operational	./.	o	+
rechtzeitig	./.	o	+
Kosten-Nutzen relevant	o	+	+
praktikabel	+	+	+

Zeichenerklärung: o = den Anforderungen teilweise entsprechend
./. = den Anforderungen nicht genügend
+ = den Anforderungen im vollen Umfange entsprechend

2. Notwendigkeit und Zweck eines Maßnahmenstrukturplans

Der erforderliche Veränderungsprozeß zur Entwicklung eines Erfolgskontrollsystems besteht aus einer Reihe von Einzelmaßnahmen, deren Durchführung selbst organisiert werden muß. Die Organisation erfolgt zweckmäßig mit Hilfe eines Maßnahmenstrukturplans.

Zweck eines solchen Plans ist die Vorbereitung und Sicherung der erforderlichen Durchführungs- und Anpassungsschritte. Solche Schritte sind in der Gemeinschaftsaufgabe "Verbesserung der regionalen Wirtschaftsstruktur" für eine Erfolgskontrolle wegen der Komplexität der Aufgabenstellung, der notwendigen Einflußnahme auf den Lieferanten statistischer Daten und wegen der unterschiedlichen Ausgangssituationen der einzelnen Länder als schwierig anzusehen.

Da die konkrete Ausgestaltung eines Maßnahmenstrukturplans erst dann erfolgen kann, wenn festgelegt ist, welche Einzelschritte mit welchem Zeithorizont abgewickelt werden sollen, soll hier nur ein Rahmenvorschlag vorgelegt werden. Dieser Rahmenvorschlag kann von den Mitgliedern der Gemeinschaftsaufgabe "Verbesserung der regionalen Wirtschaftsstruktur" ausgefüllt werden.

Als zweckmäßige Gliederung eines solchen Plans wird die eingangs empfohlene Unterscheidung folgender Zwischenziele angesehen:

- Konzeption eines abgestimmten, an den gegenwärtigen Förderinstrumenten orientierten Kontrollsystems,
- Feststellung des Kontrollsystems aufgrund erster Überprüfungen des gegenwärtigen Förderkonzeptes und
- organisatorische Dauerregelungen nach erfolgreichen Probeläufen.

Der eingangs ebenfalls beschriebene Weg zu einem neuen

Kontrollsystem, der über die genannten Zwischenziele zurückzulegen ist, ist in der nachfolgenden Abbildung noch einmal graphisch dargestellt.

Bei der Entwicklung und Abwicklung des Maßnahmenstrukturplans ist nun unabhängig von seiner konkreten Ausgestaltung mit zumindest drei kritischen Punkten zu rechnen.

Es sind dies

- die Bestimmungsprozesse zu den erforderlichen Kriterien und Kontrolldaten,
- die Sicherung von Unterstützungen bei der Datenbeschaffung und
- die Terminierung und organisatorische Eingliederung der Kontrollprozesse.

Zu diesen kritischen Punkten, die bei jeder Form der Systemgestaltung auftreten werden, werden nachfolgend Maßnahmenempfehlungen entwickelt.

3. Abstimmungsprozesse zu den erforderlichen Indikatoren und Kontrolldaten

In diesen Abstimmungsprozessen müßten der Informationsbedarf, die erforderlichen Mittel und der Zeithorizont der Verbesserung der Kontrolle so geklärt werden, daß die Mitglieder der Gemeinschaftsaufgabe zu gemeinsamen Grund- und Zielvorstellungen gelangen. Die Erörterung eines Kontrollkonzeptes ist ex definitione mit der Erörterung des Gesamtkonzeptes der Gemeinschaftsaufgabe "Verbesserung der regionalen Wirtschaftsstruktur" und seiner Einordnung in die übrigen Förderpolitiken identisch.

Wegen der hier liegenden Konfliktfelder könnte die Frage gestellt werden, ob Themen der Organisation und Technik der

Abstimmungsprozesse zu Indikatoren und Kontrolldaten 109

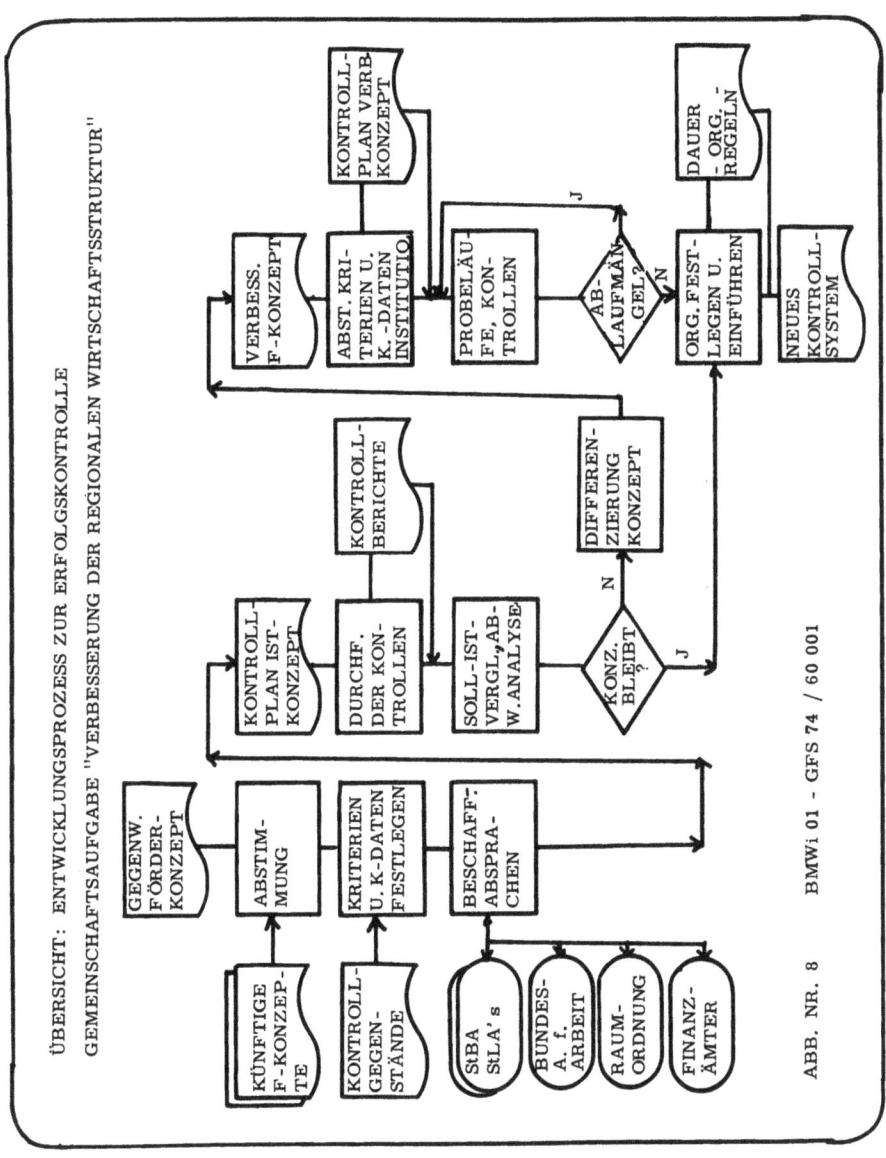

Kontrolle nicht vorrangig diskutiert werden sollten, da die Standpunkte hier wahrscheinlich eher konsensfähig sind. Hierzu kann nicht geraten werden. Zumindest drei zentrale Probleme sind für das Förderkonzept und damit für die notwendigen Kontrollen grundlegend:

- Eine Äußerung zum Verhältnis von Zielen und Mitteln der Gemeinschaftsaufgabe zu den Zielen und Mitteln sonstiger regional wirksamer Politiken ist erforderlich.
- Eine Festlegung der Kriterien für die "Gerechtigkeit" oder "Angemessenheit" des Gesamtmittelbedarfs für die Gemeinschaftsaufgabe und der Gesamtmittelverteilung in der Gemeinschaftsaufgabe müßte erfolgen.
- Die Feststellung einer Grundposition gegenüber den potentiellen Lieferanten von Kontrolldaten wird für erforderlich gehalten.

Die beiden erstgenannten Punkte führen unmittelbar zur Planung des Informationsbedarfs und damit zu den erforderlichen Erfolgskriterien.

Mit dem dritten Punkt werden Schritte im Rahmen der Arbeitsteilung des praktischen Kontrollprozesses vorbehandelt.

Zu diesem Punkt ist auf die grundsätzliche Aufgabe der statistischen Ämter und Serviceeinheiten in Bund und Ländern hinzuweisen, Politik und Verwaltung mit den Kontrolldaten zu versorgen, die zur Gestaltung und Steuerung der fachlichen Arbeitsbereiche benötigt werden. Aus dieser Sicht bestimmt der begründete Bedarf an Kontrolldaten stets den Umfang der durchsetzbaren Forderungen.

Wenn die Erörterung von Grundsatzproblemen an erster Stelle des Konzeptes gefordert wird, so ist dies nur dann sinnvoll, wenn gleichzeitig das Procedere für die praktische Erfolgskontrolle festgelegt ist. Hierzu werden folgende Empfehlungen gegeben:

- Der gegenwärtige Entwicklungsstand des Förderkonzeptes,

die zur Zeit praktizierten und in der laufenden Planungsperiode anzupassenden Erfolgskontrollmaßnahmen sollen periodisch vom Planungs- und Unterausschuß festgestellt werden.

- Die Erreichung von Fortschritten soll durch die Entwicklung eines Maßnahmenstrukturplans im Unterausschuß der Gemeinschaftsaufgabe sichergestellt werden.[1]

Da zur Durchführung der vorgeschlagenen Abstimmungsprozesse ein großer Informationsumfang zu verarbeiten ist, wird folgende Empfehlung gegeben:

- Die Einrichtung einer Arbeitsgruppe für das Erfolgskontrollsystem und/oder die Anwendung eines speziellen Teamarbeitsverfahrens zur schnelleren Gewinnung von Ergebnissen sollte geprüft werden.

4. Sicherung von Unterstützung bei der Datenbeschaffung

Die Verfolgung und Beeinflussung der Veränderungen der inhaltlichen und technischen Entwicklung der Regionalstatistik wurde bereits im Zwischenbericht als eine notwendige Daueraktivität empfohlen, die während des gesamten Entwicklungsprozesses der Erfolgskontrolle stattfinden sollte[2]. Die Empfehlung wird hier noch einmal unterstrichen.

Die Entwicklungen der Statistik verlaufen gegenwärtig insofern nicht ungünstig, als das Statistische Bundesamt z.Z. den Aufbau einer EDV-Datenbank betreibt, der Arbeitskreis "Verbesserung der Regionalstatistik" im Herbst 1975 neue Bedarfsaussagen vorlegen will und die Bundesanstalt für Arbeit

---

1) Vgl. hierzu Andreas Jentzsch u.a.: Erfolgskontrolle regionaler Wirtschaftsförderung unter besonderer Berücksichtigung organisatorischer Aspekte, 3. Zwischenbericht, BMWi 01 - GFS 74, Nr. 50 011 vom 24. 03. 1975, S. 23ff.
2) Vgl. ebenda, S. 25.

in Kürze die neue Beschäftigten- und Entgeltstatistik institutionalisieren wird.

In diesen Entwicklungen sind als grundlegende Tendenzen zu erkennen, daß einerseits die Bemühung um eine **Bedarfsangabe für die amtliche Statistik** hinsichtlich der regionalen Daten andauert. Andererseits wird wegen der bestehenden Unzulänglichkeiten wie oben angeführt von der Bundesanstalt für Arbeit die Einrichtung und Auswertung einer umfangreichen eigenen Statistik in Angriff genommen.

Auch im Rahmen der Gemeinschaftsaufgabe "Verbesserung der regionalen Wirtschaftsstruktur" sind durch die Auftragsarbeiten von Klemmer[1] Wege zu einer eigenen Statistik vorgezeichnet. Mangels verfügbarer räumlicher Gliederungen wurden mit den Arbeitsmarktregionen spezielle regionalpolitische Gliederungseinheiten geschaffen, die gemeindescharf abgegrenzt sind.

Hinsichtlich des künftigen Datenbedarfs zur Zielerreichungskontrolle ergibt die Prüfung der Ansätze folgende grundsätzliche Verbesserungsnotwendigkeiten:

- Bezüglich der statistischen Erfassung von Betriebs- und Einkommensdaten ist keine Vollständigkeit gegeben, diese erscheint aber (wegen der Bedeutung aller Sektoren, Betriebsgrößen und Einkommensbezieher) gerade unter strukturpolitischem Aspekt als notwendig.

- Gemeindeweise oder nach Arbeitsmarktregionen gegliederte Daten erfordern zwar zusätzliche Erfassungen oder Auswertungen (z.B. bei der Arbeitslosenstatistik), sind jedoch für die Zwecke der regionalen Wirtschaftspolitik unerläßlich.

- Die Periodizität und Aktualität vor allem der Daten der statistischen Landesämter und des statistischen Bundesamtes sind trotz EDV - Einsatzes für ein aktuelles Kontrollsystem nicht ausreichend.

---

[1] Vgl. Paul Klemmer, a.a.O.

Besondere Probleme bestehen in der Regionalisierung von Einkommens- und Betriebsdaten bei **nicht regionalisierten Basisdaten** durch Fehler der Rückrechnung und die Dauer der Bearbeitung.

Hier muß die Grundsatzfrage angebracht werden - und nach Ansicht der Autoren verfolgt werden -, ob nicht eine Regionalisierung der Basisdaten auf Gemeindeebene in die Gesetzgebung der Statistik aufgenommen werden muß.

Als weitere Grundsatzfrage ist zu erkennen, daß eine solche Vielzahl von statistischen Anknüpfungspunkten durch die Verwaltungsarbeitsprozesse gegeben ist, daß aus Rationalisierungsgründen eine grundsätzliche Bestandsaufnahme notwendig erscheint. In diesem Zusammenhang wäre dann auch die Verwendungsmöglichkeit der Steuererklärungsdaten für einen Frühindikator im Rahmen der regionalen Wirtschaftspolitik zu prüfen, da diese Daten in kurzen Abständen und zu festen Terminen bei den Finanzämtern anfallen und dort in anderen Verarbeitungsprozessen ohnehin verarbeitet werden müssen.

Im Rahmen der verfügbaren Auftragszeit war es nicht möglich, auf die Fülle von Einzelfragen einzugehen, die sich mit den Kontrolldaten zu jedem Indikator der Zielerreichung ergeben. Als wichtige Hinweise aus den von der GFS erhobenen Forderungen - einen hohen Informationsbedarf stets vorausgesetzt - möchten wir als Empfehlung festhalten:

- Die Anforderungen an die amtliche Statistik sind den Bedarfsäußerungen gleichzusetzen.

- Sonderstatistiken sollten - insbesondere bis zur Verfügbarkeit endgültiger Aussagen - in vollem Umfange ausgeschöpft werden. Die Voraussetzungen hierzu sollten durch die Vereinbarung über eine ausreichende Regionalisierung geschaffen werden. Hierzu gehören die Auswertungen über die Lohn- und Gehaltsentwicklung aus dem Indikator des Instituts für Arbeitsmarkt- und Berufsforschung und die Arbeitslosenquote, für deren Basisdaten die jeweiligen Gemeindeaufzeichnungen von Bedeutung sind.

9. Kap.: Entwicklungsprozeß Erfolgskontrollsystem

- Betriebliche Daten sollten für sämtliche Wirtschaftsbereiche ermittelt und die Verfügbarkeit von Strukturdaten sichergestellt werden.

- Mittels Zwischenauswertungen von Meldedaten der Einwohnermeldeämter sollten die Wanderungsbewegungen laufend kontrolliert werden.

- Die Forderung nach kontinuierlicher Aufstellung sektoraler Projektionen sollte auch auf die amtlichen Stellen ausgedehnt werden.

- Eine Abstimmung der struktur- und raumordnungspolitischen Aktionsräume und Infrastrukturkataloge sollte herbeigeführt werden. Die Klemmer-Regionen sind als räumliche Zwischengliederungen zu erhalten.

Die Vertretung derartiger Forderungen mag zunächst den Anschein erwecken, daß die Beschaffung der erforderlichen Daten aus Gründen des Betriebs- oder Verwaltungsaufwandes unmöglich sei. Daß dieses Argument nicht zutreffend ist, wird aus der Überlegung deutlich, daß fast alle gewünschten Daten schon heute aus Berichtsformularen an die verschiedensten Verwaltungseinheiten gewonnen werden können. Da fast alle diese Verwaltungen heute Datenverarbeitungen benutzen, besteht das Problem letztlich vielmehr in der Koordination möglicher Datenbestände und -auswertungen, für die heute geeignete Verfahren entwickelt sind.

5. Zur Terminierung und organisatorischen Eingliederung der Kontrollprozesse

Aussagen zum Zeitpunkt der Kontrollen setzen Annahmen über die zeitliche Notwendigkeit von Anpassungen voraus.

Die Anpassungsmöglichkeiten der regionalen Wirtschaftsförderung werden in mittelfristigen Konzeptionsänderungen, jährlichen Planungsfortschreibungen und räumlichen und prioritätsmäßigen Mittelverschiebungen innerhalb des Jahres gesehen. Von diesen ist besonders die Anpassung innerhalb des Jahres für die Statistik und Organisation von Bedeutung.

Geht man davon aus, daß künftig über die Fördergebiete und die Angabe von Schwerpunktorten hinaus eine stärkere Zieldifferenzierung und eine feinere Mittelabstufung vorgenommen wird, so werden Planabweichungen deutlich und Anpassungen im Mitteleinsatz während der Planungsperiode wahrscheinlich. D.h. es müßten innerhalb der Länder und zwischen Bund und Ländern Planungskorrekturen möglich sein.

Wird diesen Vorstellungen gefolgt, so sind zur Zielerreichung und zum Mitteleinsatz **vierteljährliche Kontrollen** notwendig, die dann auf der Entwicklung der zurückliegenden Planungsperiode aufbauen. Die Quartalsberichterstattung sollte dabei für die nächsten Jahre eine Aktualität von vier Monaten hinsichtlich der nicht vom BAW erfaßten Daten aufweisen. Für die BAW-Daten erscheint eine einmonatige Aktualität erreichbar.

Die Forderung nach Quartalsdaten zur Zielerreichung und zum Mitteleinsatz betrifft vor allem die Kurzfrist-Indikatoren, über die eine Anpassungsaussage in der Periode erreicht werden kann.

Demgegenüber sollten die **jährlichen Kontrollen** auf Daten zu "endgültigen" Erfolgskriterien aufbauen.

Der Nutzen jährlicher Kontrollen hängt sowohl von der Aktualität der Daten als auch vom Zeitpunkt der Kontrollauswertung ab. Im Rahmen der Gemeinschaftsaufgabe bilden die Festlegung des Finanzbedarfs bei der Mittelbereitstellung (mittelfristige Finanzplanung) und die Aufstellung des Rahmenplans die zentralen Aktionszeitpunkte für die Planung.

Die Kontrolldaten und entscheidende Abweichungsanalysen müßten vor diesen Zeitpunkten liegen. Sie wären dabei um so wirkungsvoller, je aktueller die Daten sind, die verwendet werden. Anzustreben ist, daß die Aktualität der zu den jährlichen Kontrollen verwendeten Daten neun Monate nicht überschreiten sollte.

Die Jahreskontrollberichterstattung sollte die Quartalsberichterstattung mitumfassen.

Neben den Quartalskontrollen sind K o n t r o l l p r o z e s s e aus b e s o n d e r e m A n l a ß vorzusehen, die z.B. erforderlich werden, wenn sich Prämissen durch unvorhersehbare Ereignisse plötzlich dauerhaft verändern. Hier wird eine grundsätzliche Überprüfung der bisherigen Planungen und der neuen Prämissen notwendig. Alle übrigen Prämissenkontrollen sollten jährlich erfolgen.

Zur Terminierung von Kontrolldaten und Kontrollen wird zusammenfassend vorgeschlagen:

- Durchgeführt werden sollten Quartalskontrollen mit Kontrolldaten einer Aktualität von max. vier Monaten.
- Durchgeführt werden sollten Jahreskontrollen vor den neuen Finanzmittelbereitstellungen und Rahmenplanfestlegungen mit einer Datenaktualität von max. neun Monaten. Die Jahreskontrollen sollten mit den Quartalskontrollen zusammenfallen.

Zur Organisation der Kontrollprozesse ist die Gewinnung der Daten, die Aufbereitung in verarbeitbarer Form, ihre Kenntnisnahme und die öffentliche Auswertung zu unterscheiden.

Daß die notwendigen Kontrolldaten möglichst von den erwähnten Lieferanten regionalstatistischer Daten in der benötigten Form bezogen werden sollen, wurde bereits angedeutet. Der Einsatz der EDV im BAW läßt hierzu die Möglichkeit offen, die Daten auf Magnetbändern oder im Wege der Datenfernübertragung zu übernehmen.

Da fast alle Regionaldaten auf statistische Einrichtungen der Länder zurückgehen und die Länder wiederum als erste an Daten über ihre Fördergebiete Interesse haben und diese ggf. kommentieren müssen, sollte die zentrale Zusammenfassung von überregional interessierenden Daten so erfolgen, daß die Länder dem BAW diese Daten zur Verfügung stellen.

Als Empfehlung ergibt sich:

- Regionalstatistische Daten außerhalb der BAW - Statistik sollten möglichst in der technischen Form maschinell lesbarer Datenträger und über die Länderverwaltungen an das BAW geliefert werden.

Bei der Aufbereitung des statistischen Materials ist das unterschiedliche Interesse und die unterschiedliche Aufnahmefähigkeit der Empfänger zu berücksichtigen. Die Kontrolldaten sollten nach Ansicht der Verfasser in einer zweiteiligen Erfolgsberichterstattung zusammengestellt werden, die aus einem knappen Standardteil und einem bedarfsabhängigen Angebot besteht, das die Berechtigten wahlweise abrufen können.

Selbstverständlich muß diese Aufteilung erörtert werden. Bei derartigen Erörterungen sollte auch die Frage geprüft werden, ob interpretierende Textteile zu den einzelnen Statistiken zweckmäßig sind.

Insgesamt ergibt sich folgende Empfehlung:

- Die Berichte mit Kontrolldaten sollten vom BAW aufbereitet und in einen Standard-Informationsteil und ein wahlweise abrufbares Datenangebot gegliedert werden. Es wäre zu prüfen, ob Textteile die Daten erläutern sollten.

Die Verarbeitung der Kontrolldaten bedarf keiner besonderen Organisation. Es ist lediglich sinnvoll, die Tagesordnungen von Unterausschuß- und Planungsausschußsitzungen auf die Kontrollerörterungen abzustimmen. Hierbei bieten sich die Gliederungen der Erfolgskriterien als Ablaufplan an:

- Die Verarbeitung der Kontrolldaten im Planungsausschuß und Unterausschuß sollte durch spezielle Tagesordnungspunkte sichergestellt werden.

Über die Verarbeitung der Kontrollinformationen im Planungsprozeß hinaus wird eine Erfolgsberichterstattung im Rah-

118   9. Kap.: Entwicklungsprozeß Erfolgskontrollsystem

men der Planung empfohlen. Dies könnte in der Form geschehen, daß die bisherige Übung zur Veröffentlichung von Strukturdaten im Rahmenplan durch die Angabe der erreichten Werte bei den Erfolgskriterien ausgebaut wird. Darüber hinaus könnten Planungsveränderungen aufgrund von Abweichungsanalysen durch einen speziellen Berichtsteil erläutert werden. Es erscheint denkbar, daß durch diesen Berichtsteil Sonderberichte zur regionalen Strukturentwicklung eingeschränkt werden können. Andererseits bieten aussagefähige Erfolgsdaten eine geeignete Ergänzung der Bundes- und Landesberichte zur Wirtschaftspolitik. Zur öffentlichen Berichterstattung wird empfohlen:

- In den Rahmenplan sollten Kontrolldaten und ein spezieller Erfolgsberichtsteil übernommen werden.

- Es sollte geprüft werden, ob durch die Übernahme von Kontrollberichten in die Planung Sonderberichte eingeschränkt und die allgemeine Berichterstattung über die Wirtschaftsentwicklung verbessert werden könnte.

Insgesamt gesehen wird in einem ausgebauten Kontrollsystem mit einem Anstieg des Gesamtarbeitsaufwandes durch die Kontrolle nicht gerechnet. Vielmehr kann von einem solchen System erwartet werden, daß es die Wahl der künftigen Anpassungsschritte erleichtert und präzisiert und darüber hinaus die Wirkung der eingesetzten Mittel durch eine klar begründete Differenzierung weiter verbessert.

Zehntes Kapitel

ZUR UMSETZUNG GUTACHTLICHER GESTALTUNGSVORSCHLÄGE

Die Endergebnisse aller bisher vergebener Gutachten zur Einführung eines Systems der Erfolgskontrolle in der Gemeinschaftsaufgabe "Verbesserung der regionalen Wirtschaftsstruktur"[1] wurden mit den Gutachtern auf der 39. Sitzung des Unterausschusses im September 1975 erörtert. Hierbei zeigte sich ein wachsendes Interesse zur Auseinandersetzung mit dem Themengebiet und das Bedürfnis, bestehende Ansätze zur Erfolgskontrolle zu nutzen.

Erwogen wurden u.a. eine Verbesserung der Antragsstatistik des BAW, die Verbindung zwischen Planungsdaten und statistischer Berichterstattung über die Förderbetriebe, die Ermittlung von Investitionskosten je Arbeitsplatz für einzelne Sektoren und die Konkretisierung der Jahresziele innerhalb der vierjährigen Rahmenpläne. Für eine erste detaillierte Nachkontrolle der Förderwirkung eingesetzter Maßnahmen wurde die Anwendung der vom Institut für Arbeitsmarkt- und Berufsforschung entwickelten Arbeitsmarktindikatoren in einer Förderregion vorgeschlagen.

Damit hat die praktische Umsetzung der Gutachtervorschläge in einer Form begonnen, die den Weg für eine sowohl sukzes-

---

[1] Jürgen Wulf, Hans d'Orville: Entwurf eines Systems der Erfolgskontrolle für die regionale Wirtschaftsförderung, Universität Konstanz, Juli 1975;

PROGNOS AG: Erfolgskontrolle in der Regionalpolitik, Entwicklung eines Systems der Erfolgskontrolle für die regionale Wirtschaftsförderung. Untersuchung der PROGNOS AG, Basel, im Auftrag des Niedersächsischen Ministers für Wirtschaft und Verkehr, von Heimfrid Wolff u.a., Basel, Basel, Juli 1975.

10. Kap.: Umsetzung der Gestaltungsvorschläge

sive als auch systematische Systementwicklung offenläßt.

Damit kann die Chance genutzt werden, für den Politikbereich der regionalen Wirtschaftsförderung zu einer neuen Dimension des politisch - administrativen Arbeitsprozesses vorzudringen.

LITERATURHINWEISE

Albert, Wolfgang	Aufgaben, Instrumente und Ziele der regionalen Strukturpolitik, aus unveröffentlichten Materialien zu Führungsseminaren der Bundesakademie für öffentliche Verwaltung, 1974.
ders.	Verbesserung der regionalen Wirtschaftsstruktur - Rahmenplan, in: Eberstein, Handbuch der regionalen Wirtschaftsförderung, Köln 1971/74, Bd. III.
Becker, Peter	Das Verfahren zur Gewährung von Mitteln der Gemeinschaftsaufgabe "Verbesserung der regionalen Wirtschaftsstruktur", in: Eberstein, Handbuch der regionalen Wirtschaftsförderung, C I.
Biehl, Dieter u.a.	Infrastruktur, räumliche Verdichtung und sektorale Wirtschaftsstruktur als Bestimmungsgründe des regionalen Entwicklungspotentials in den Arbeitsmarktregionen (AMR) der BRD, Endbericht zu einem Forschungsauftrag des Landes Schleswig-Holstein, Kiel, im Juli 1974.
Böttcher, Siegfried	"Führung durch Ziele" und die öffentliche Verwaltung, in: Verwaltung und Fortbildung, Heft 1, 1974.
Bundesminister der Finanzen	Vorläufige Verwaltungsvorschriften zur Bundeshaushaltsordnung, Rundschreiben des BMF vom 21. 05. 1973 (MinBlFin 1973 S. 190).
Deutscher Bundestag	7. Wahlperiode, Antwort der Bundesregierung auf drei Kleine Anfragen, Drucksache 7/2887 vom 04. 12. 1974.
ders.	7. Wahlperiode, 2. Rahmenplan der Gemeinschaftsaufgabe "Verbesserung der regionalen Wirtschaftsstruktur" für den Zeitraum 1973-1976, Drucksache 7/401 vom 22. 03. 1973.
ders.	7. Wahlperiode, 2. Rahmenplan der Gemeinschaftsaufgabe "Verbesserung der regionalen Wirtschaftsstruktur" für den Zeitraum 1973 - 1976, Drucksache 7/401 vom 22. 03. 1973, Gesetz über die Gemeinschaftsaufgabe "Verbesserung der regionalen Wirtschaftsstruktur" vom 06. 10. 1969.

ders.   7. Wahlperiode, 4. Rahmenplan
                                    der Gemeinschaftsaufgabe "Verbes-
                                    serung der regionalen Wirt-
                                    schaftsstruktur" für den Zeit-
                                    raum 1975 - 1978, Drucksache
                                    7/3601.

Deutsches Institut für   Arbeitsplatzentwicklung und Lohn-
Wirtschaftsforschung   niveau in Arbeitsmarktregionen
                                    der BRD, Berlin im Mai 1973, Gut-
                                    achten im Auftrage des Bundesmini-
                                    sters für Wirtschaft.

Eberstein, Hans Hermann   Grundlagen der Regionalpolitik
                                    und ihre wesentlichen Grundsätze,
                                    in: Eberstein, Handbuch der re-
                                    gionalen Wirtschaftsförderung,
                                    Köln, 1971/74, A III.

Friderichs, Hans   Mut zum Markt, Wirtschaftspolitik
                                    ohne Illusionen, Bonn, 1974.

ders.   Mitteilung an die Abgeordneten
                                    des Bundestages, Bonn, 23. August
                                    1974.

Hessischer Minister für   Richtlinien für die Gewährung
Wirtschaft und Technik   von Finanzierungshilfen des Lan-
                                    des Hessen an die gewerbliche
                                    Wirtschaft, Sonderdruck aus:
                                    Staatsanzeiger Nr. 32 vom 06. 08.
                                    1973.

Hötger, Hans Egon   Die Ergebnisse der regionalen
                                    Wirtschaftsförderung, in: IKO,
                                    Innere Kolonisation Land und Ge-
                                    meinde, 24. Jg., Mai/Juni 1975.

Hoffmann, Hans-Peter,   Die neue Beschäftigungsstatistik
Hoyer, Heinz,   der Bundesanstalt für Arbeit, in:
Baier, Hermann   Arbeit, Beruf und Arbeitslosen-
                                    hilfe - Das Arbeitsamt - Fach-
                                    zeitschrift für die Aufgaben der
                                    Bundesanstalt für Arbeit, Heft 9,
                                    10. 09. 1972, 23. Jg., S. 282.

Jentzsch, Andreas, u.a.   Erfolgskontrolle regionaler Wirt-
                                    schaftsförderung unter besonderer
                                    Berücksichtigung organisatori-
                                    scher Aspekte, 3. Zwischenbericht
                                    BMWi 01 - GFS 74, Nr. 50 011 vom
                                    24. 03. 1975.

Jentzsch, Andreas   Material zum Planungsprozeß und
                                    zu den Zielsystemen der "regio-
                                    nalen Wirtschaftspolitik", Gut-

ders.   Systemanalyse - Mittel unterneh-
                               merischer Zukunftsgestaltung ?,
                               in: Plus, Heft 11, 1971.

Jestel, Heinrich und   Zusammenfassung der Problemana-
Jentzsch, Andreas   lyse, BMWi 01 - GFS 74, Nr. 50 003,
                               Anlage zum Protokoll des BMWi,
                               I C 2, Nr. 70 08 24, vom 19. 01.
                               1975.

Klein, Hans-Joachim   Möglichkeit und Grenzen einer
                               operationalen Erfolgskontrolle
                               bei der Investitionsförderung von
                               gewerblichen Produktionsbetrie-
                               ben im Rahmen der regionalen Wirt-
                               schaftspolitik, Dissertation,
                               Darmstadt 1972.

Klemmer, P., Knop, B. und   Abgrenzung regionaler Arbeits-
Kraemer, D.   märkte in der BRD für die Zwecke
                               der Gemeinschaftsaufgabe "Ver-
                               besserung der regionalen Wirt-
                               schaftsstruktur", Bochum 1973.

Kohler, Hans und   Zu den Auswirkungen von Förde-
Reyher, Lutz   rungsmaßnahmen auf regionale Ar-
                               beitsmärkte, Sonderdruck aus:
                               Mitteilungen aus der Arbeits-
                               markt- und Berufsforschung, 8.
                               Jg., 1975.

Krüper, Manfred   Demokratische Kontrolle muß sein,
                               in: Wirtschaftswoche, 28. Jg.,
                               Nr. 27 vom 28. 06. 1974, S. 64ff.

Mehrländer, Horst   Fortschrittliches Förderungspro-
                               gramm, in: Wirtschaftsdienst,
                               51. Jg., 1971, Heft 3, S. 148ff.

ders.   Die Weiterentwicklung der Gemein-
                               schaftsaufgabe "Verbesserung der
                               regionalen Wirtschaftsstruktur",
                               in: Innere Kolonisation Land und
                               Gemeinde, 24. Jg., Mai/Juni 1975,
                               S. 106.

METRA DIVO   Die Industrialisierungspolitik
                               der Bayerischen Staatsregierung
                               in den Jahren 1954-70, Ergebnis-
                               se einer empirischen Untersu-
                               chung, herausgegeben vom Bayeri-
                               schen Staatsministerium für Wirt-
                               schaft und Verkehr, November 1973.

LITERATURHINWEISE

Müller, J. Heinz — Regionale Strukturpolitik in der Bundesrepublik, Kritische Bestandsaufnahme, Göttingen, 1973.

Noé, Claus — Die Marktwirtschaft wird besser, in: Wirtschaftswoche, 28. Jg., Nr. 22 vom 24. 05. 1974, S. 62 ff.

PROGNOS AG — Erfolgskontrolle in der Regionalpolitik, Entwicklung eines Systems der Erfolgskontrolle für die regionale Wirtschaftsförderung. Untersuchung der PROGNOS AG, Basel, im Auftrag des Niedersächsischen Ministers für Wirtschaft und Verkehr, von Heimfrid Wolff u.a., Basel, Basel, Juli 1975.

Thelen, Peter — Die Ermittlung von Fördergebieten auf der Grundlage von Prognosen regionaler Arbeitsmarktbilanzen für das Jahr 1977, Gutachten des Forschungsinstituts der Friedrich-Ebert-Stiftung im Auftrage des Planungsausschusses der Gemeinschaftsaufgabe "Verbesserung der regionalen Wirtschaftsstruktur", erteilt vom Minister für Wirtschaft, Mittelstand und Verkehr des Landes Nordrhein-Westfalen, Bonn - Bad Godesberg, Mai 1972.

Tietmeyer, Hans — in: "Erste Anstoßeffekte des Konjunkturprogramms", FAZ vom 04. 04. 1975.

Thoss, Rainer u.a. — Möglichkeiten der Beeinflussung des regionalen Einkommensniveaus durch regionalpolitische Instrumente, Münster, Dezember 1974.

Thoss, Rainer — Ziele der Strukturpolitik, in: Wirtschaftswoche, 28. Jg., Nr. 32 vom 02. 08. 1974, S. 54ff.

Thoss, Rainer und Börgel, Marita — Untersuchung über die Eignung des regionalen Einkommensniveaus als Zielgröße der regionalen Wirtschaftspolitik, Münster, November 1973.

Voss, Gerhard — Erfolgskontrolle regionaler Strukturpolitik, Dissertation, Köln 1973.

Wild, Jürgen und Schmidt, Peter	Managementsysteme für die Verwaltung: PPBS und MbO, Sonderdruck aus: Die Verwaltung, 6. Bd., 1973, Heft 3.
Wulf, Jürgen und d'Orville, Hans	Entwurf eines Systems der Erfolgskontrolle für die regionale Wirtschaftsförderung, Universität Konstanz, Juli 1975.

HINWEISE AUF DIE VERFASSER

A n d r e a s J e n t z s c h , geboren 1939 in Berlin, studierte in Berlin, Freiburg (Diplomkaufmann) und später in Speyer und bearbeitet seit 1964 Organisations- und Führungsprobleme privater und öffentlicher Verwaltungen. 1969 - 1970 war er Projektleiter der Systemanalyse im Bundeskanzleramt; seit 1971 Geschäftsführer der von ihm mitbegründeten GFS - Gesellschaft für Systementwicklung mbH & Co. Management KG in Königswinter.

F r a n z - J o s e f K l e i n , geboren 1949 in Sürth bei Köln, studiert in Bonn Volkswirtschaftslehre (cand. rer. pol.); besondere Schwerpunkte Steuern und Subventionen.

H a n s W a l t e r P f e i f f e r , geboren 1949 in Bonn, studierte dort Volkswirtschaft (Diplomvolkswirt) und beschäftigte sich mit volkswirtschaftlichen Investitionsmodellen. Seit 1975 Mitarbeiter der GFS - Gesellschaft für Systementwicklung mbH & Co. Management KG.

Printed by Libri Plureos GmbH
in Hamburg, Germany